《주제로 읽는 한국철학》

돈점頓漸 진리담론

─ 지눌과 성철을 중심으로 ─

박태원

세창출판사

돈점頓漸 진리담론

— 지눌과 성철을 중심으로 —

1판 1쇄 인쇄   2016년 12월 15일
1판 1쇄 발행   2016년 12월 20일

지은이 ┃ 박태원
펴낸인 ┃ 이방원
편 집 ┃ 홍순용 · 김명희 · 이윤석 · 안효희 · 강윤경 · 윤원진
디자인 ┃ 손경화 · 박선옥
마케팅 ┃ 최성수

발행처 ┃ 세창출판사
        신고번호 ┃ 제300-1990-63호
        주소 ┃ 서울 서대문구 경기대로 88 (냉천빌딩 4층)
        전화 ┃ (02) 723-8660 팩스 ┃ (02) 720-4579
        http://www.sechangpub.co.kr
        e-mail: sc1992@empal.com

ISBN 978-89-8411-655-9 93150

값 16,000원

이 도서의 국립중앙도서관 출판시도서목록(CIP)은 서지정보유통지원시스템 홈페이지(http:// seoji.nl.
go.kr)와 국가자료공동목록시스템(http://www.nl.go.kr/kolisnet)에서 이용하실 수 있습니다.(CIP제어번
호: CIP2016030480)

대학 시절에 들어선 불문(佛門) 안길, 그 길 위에 찍힌 굼뜬 행보들을 모아 보니 크게 세 줄이 보인다. 선종(禪宗) 선문(禪門), 원효, 니까야/아함의 붓다 법설이다. 시작은 선문이었고, 이어 원효와 사귀었으며, 다시 붓다와 대화하였다. 시대 순으로 보면 역순으로 걸은 셈이다. 이후로는 이 세 줄이 하나로 결합하면서 서로 힘을 보태고 있다.

선문은 쉬는 자리로 안내했고, 원효는 교학 계보와 불교언어 전체를 유기적으로 엮는 큰길을 일러 주었으며, 붓다는 모든 감로수가 어떤 원천에서 솟구친 것인지를 확인시켜 주었다. 이제는 이 세 거울이 서로를 비추어 내며 한 빛으로 합쳐진다. 그리고 그 빛이 더욱 환하게 길을 비추니, 더 깊고 더 넓고 더 멀리 볼 수 있겠다는 전망 때문에 설렌다. 새삼 타오르는 열정에 뜨거워진다.

선종 선사상에 대한 학인들의 이해가 얼마나 적절한지, 개인적으로는 크게 의문이다. 공(空) 사상, 불성(佛性)/여래장(如來藏) 사상, 신비주의 사상의 틀로 읽어 내는 시선은 원점에서 재검토되어야 한다고 생각하고 있다. 찬사에서든 비난에서든, 선종 선사상은 아직 제대로 대접받지 못하고 있다고 본다. 그래서 새로운 선사상 독법을 마련하기 위해 장기간 밑그림을 그려 가고 있다. 이제는 천견(淺見)이라도 글에 담아 한 자락씩 정리할 때인 것 같다.

돈점 담론에는 선(禪)의 핵심을 보는 다양한 시선들이 어지러이 얽혀 있다. 선(禪)에 관한 새로운 독법을 구성하기 위해서는 다루지 않을 수 없는 대목이다. 이 책은 그러한 관심과 문제의식의 한 매듭이다. 이 매듭에 의지하여 다음 매듭을 붙여 갈 것이다.

박 태 원

차례

제1장 돈오頓悟 사상과 돈점頓漸

돈오사상의 연원을 중국불교사, 특히 돈오성불론(頓悟成佛論)을 천명한 도생(竺道生, 약 372-434)에서 찾는 것이 학계의 관행이다. 도생에 의해 불교사상의 핵심을 돈오로 파악하는 물꼬가 트였으며, 이후 중국불교가 돈오라는 창을 통해 불교를 소화하여 발전시키고, 돈점(頓漸) 논쟁이 펼쳐졌으며, 급기야 선종(禪宗)의 돈오사상이 출현하게 되었다는 것이다. 인도불교의 중국적 수용을 파악하는 대표적 통로가 돈오사상이며, 중국적 불교를 가능케 한 주역이 바로 도생이라는 관점은 통설적 지위를 누리고 있다. 또한 깨달음과 수행의 돈점 문제에서 인도불교는 차제(次第)적 점문(漸門)이므로, 중국불교의 돈오사상은 인도불교와 불연속 관계에 있다는 견해가 일반적이다. 티베트에서 벌어진 돈점 논쟁의 구도도 이러한 맥락에서 음미되고 있다.

그러나 돈오사상이 실제로 인도불교의 전통과 불연속적 차별성을 지니는 것일까? 그렇지 않다고 본다. 오히려 돈오사상은 초기불교 이래의 불교적 통찰의 보편적 핵심을 고스란히 계승하고 있다고 본다.[1] 그런 점에서 도생을 비롯하여 불교사상의 핵심을 돈오에서 포착하고자 했던 중국과 한국 불교인들은, 불교적 통찰의 보편적 핵심을 연속적으로 계승하고 있다고 생각한다. 붓다 사상의 핵심을 돈오의 문제로 포착하여 붓다 사상의 생명력을 성공적으로 확인/부각/전승시켰다는 점에서, '돈오'라는 언어를 선택/발전시킨 불교인들의 탁월한 천재성과 업적이 평가되어야 할 것이다.

'돈(頓)'과 '점(漸)'은 상반된 의미를 나타내기 위해 선택된 개념 조합이다. '돈'은 분명 '점'의 대칭어로 채택된 용어인데, '차츰차츰/점차로/차례대로/단계적으로'의 점(漸)에 맞서는 의미로서 선택한 것이 '단박에/몰록/단번에/한꺼번에/갑자기'의 돈(頓)이다. 이 돈/점이 내포하는 대칭적 의미는 크게 두 가지 관점에서 이해될 수 있다. 하나는 시간의 관점이고, 다른 하나는 범주/계열/지평의 관점이다.

시간의 시선으로 읽는다면, '점'은 시간의 연속성에 의거한 단계적 진행을, '돈'은 시간적 비약과 그에 의한 일회적 완결을 각각 의미하게 된다. '점차적 수행의 시간적 축적이 있어야 깨달음을 성취한다'고 주장하는 것은 점문(漸門)이 되고, '한 번의 깨달음으로 수행은 완결된다'고 하는 것은 돈문(頓門)의 입장이 된다. 이와는 달리 범주/계열/지평의 시선으로 본다면, '점'은 동일 범주/계열/지평 내에서의 연속적 이행과 변화를, '돈'은 한 범주/계열/지평에서의 이탈적 전의(轉依)를 지칭하게 된다. '실체적 자아 관념을 전제로 하는 범주/계열/지평' 내에서 존재 향상을 위해 노력하는 것은 점문이고, 아예

---

1 이에 관한 자세한 논의는 필자의 「돈오의 의미지평 — 돈오의 두 시원을 중심으로」(『철학논총』 제49집, 새한철학회, 2007)에 있다.

'실체적 자아 관념을 전제로 하는 범주/계열/지평'에서 통째로 빠져 나와 '무아/공의 무실체적 통찰에 의거하는 계열/지평'으로 자리 바꾸는 것은 돈문이다.

그런데 이 두 관점은 수행의 실제에 있어서는 별개의 것으로 분리되는 것이 아니라 사실상 상호 연관되어 있다. 점문이 주장하는 시간적 연속과 단계적 축적에 의한 깨달음은 궁극적으로 돈문이 강조하는 '범주/계열/지평의 통째적 전의(轉依)'가 있어야 완결되는 것이고, 돈문의 '범주/계열/지평의 통째적 전의'는 시간적 연속의 점문적 축적과 무관할 수 없기 때문이다.

돈점을 시간의 시선으로 본다면, 돈과 점은 '한번에/단박에'와 '천천히/순차적으로'의 대립이 될 것이다. 그리고 돈점 논쟁을 바라보는 시각들의 대다수는 돈점을 시간의 문제로 파악하는 경향이 있다. 그러나 돈오를 시간의 문제로만 읽으면 돈점은 '더 이상의 수행(혹은 사전 수행)이 필요한가, 아닌가?'의 문제로 귀결되며, 그럴 경우 '범주/계열/지평의 시선'을 놓치기 쉽다. 그러나 돈오의 내용은 결국 '돈오'라는 말의 의미를 읽어 내는 사람들의 시선에 의해 구성되는 것이므로, 돈오를 '더 이상의 수행(혹은 사전 수행)이 필요한가, 아닌가?'의 시선으로 바라보는 관점의 역사가 실재한다는 점 또한 돈점론 탐구에서 배제할 수 없다. 돈오 및 돈점론 구성의 역사에는 두 시선이 동시에 행적을 남기고 있다.

필자가 보건대, 선종 내의 돈점론이나 티베트에서의 돈점 논쟁은 결국 이 두 관점의 문제로 귀결된다. '시간의 관점'과 '범주/계열/지평의 시선'이라는 상이한 관점의 어느 한 입장에 서거나, 혹은 양자를 결합시킨 형태로, 깨달음 및 수행의 문제를 처리하는 다양한 태도들의 대립과 충돌이 바로 돈점론이다. 돈과 점을 보는 이 두 가지 시선은 때로는 분리되고 때로는 혼합되어 나타나는데, 이 두 시선의 차이와 결합을 명료하게 인지하면 돈점론의 핵심 파악이 용이하게 된다. 티베트 쌈예의 돈점 논쟁에서 돈문파와 점문파 쌍방이, 돈점을 구성하고 있는 이 두 시선을 명료하게 인지하였다면 불필요한 반목이나 배타적 대립은 해소될 수 있었을 것으로 생각한다.

기존의 돈점 논쟁에서는 돈과 점의 개념 대비를 대부분 시간의 의미로 읽는다. 그러나 이와 같은 시간적 접근만으로는 돈점론의 본의에 접근하기가 어렵다. 오히려 돈점에 관한 수많은 혼란과 오해, 불필요한 논쟁, 겉도는 논란의 원인이 되곤 한다. 돈점론적 통찰의 불교적 핵심은 시간의 시선보다는 범주/지평/계열의 시선으로 포착하는 것이 더 적절하다. 돈점론의 수행론적 초점은, 수행과 깨달음의 관계가 시간적으로 '단번에' 맺어지는가, 아니면 '점차로' 이어지는가의 문제가 아니다. 시간의 문제와 무관하다고는 할 수 없지만, 돈점론의 의미맥락과 초점을 시간보다는 '범주/지평/계열의 통째적 전의(轉依)'에서 읽어 내는 것이 돈점의 수행론적 생명력에 부응하는 것이라 생각한다.

'돈'과 '점'의 대비는 그 의미의 초점을 '연속'과 '불연속'의 대비로 압축할 수 있다. 연속은 '어떤 전제가 유효할 수 있는 범주의 지속적 유지와 연장'이고, '그 전제에 의해 구성된 체제/계열/지평/틀/문법들 안에서 그 전제가 유효할 수 있는 인과관계'를 지칭한다고 정의해 두자. 그렇다면 불연속은, '어떤 전제가 더 이상 유효할 수 없는 범주적 이탈'이고, '그 전제에 의해 구성되어 그 전제가 유효할 수 있는 인과관계를 전개하는 체제/계열/지평/틀/문법 자체와의 결별'이다. 그리고 돈점론 의미맥락의 초점은 어떤 범주/체계/계열/지평/틀/문법의 수용 여부와 관련된 '통째적 전의(轉依)'의 문제에 있다.

제2장 성철의 돈오점수 비판과 돈점 논쟁

성철(退翁 性徹, 1912-1993)의 돈오점수 비판과 돈오돈수 주장은 가히 선불교 돈점 논쟁사의 정점이라 할 만하다. 성철이 『선문정로(禪門正路)』(1981)에서 제기하고 있는 돈점론에는, 깨달음(悟)과 닦음(修)의 문제를 돈(頓)과 점(漸)이라는 상반된 개념 조합으로 소화하는 선종 내 모든 통찰의 요점들이 계보학적으로 승계되어 얽혀 있고, 관점의 차이와 쟁점이 가장 선명한 형태로 표출되어 있다. 성철의 돈점론은, 선종의 돈점론을 가장 체계적이고도 성공적으로 종합하여 깨달음과 닦음의 선불교적 모범 답안을 마련한 분으로 평가받던 지눌(知訥, 1158-1210)을 정면적인 비판 대상으로 설정하고 있고, 오랫동안 한국 선불교의 표준 수행준칙으로 간주되어 온 돈오점수(頓悟漸修)를 선문 정통의 배반이며 정법(正法)의 최대 장애물이라고 맹공하고 있다. 초인적 수행을 통해 탁월한 깨달음을 성취한 분으로 존중받던 성철이, 파사현정(破邪顯正)의 진정성을 가지고 실참(實參) 현장에서 던진 돈오점수 비판이었기에, 성철의 돈점론은 한국 선불교의 관행과 토대 자체를 흔들어 버리는 엄청난 충격이었다. 『선문정로』의 내용을 요약하고 있는 서문에 피력되고 있는 성철의 다음과 같은 천명이, 지눌과 돈오점수에 대한 군건한 신뢰와 존경에 익숙했던 한국 불교인들에게 어떤 충격을 던졌을지를 헤아리기는 어렵지 않다.

> "무릇 異說 중의 一例는 頓悟漸修이다. 禪門의 頓悟漸修 元祖는 荷澤이며 圭峯이 계승하고 普照가 力說한 바이다. 그러나 돈오점수의 大宗인 보조도 돈오점수를 詳述한 그의 『節要』벽두에서 '하택은 知解宗師이니 曹溪의 嫡子가 아니다'라고 단언하였다. 이는 보조의 독단이 아니요 六祖가 授記하고 叢林이 공인한 바이다. 따라서 돈오점수사상을 신봉하는 자는 전부 知解宗徒이다. 원래 知解는 正法을 장애하는 최대의 금기이므로 선문의 正眼祖師들은 이를 통렬히 배척하였다. 그러므로 선문에서 知解宗徒라 하면 이는 衲僧의 생명을 상실한 것이니, 돈오점수사상은 이렇게 가공한 결과를 초래한다."[2]

성철의 돈오점수 비판이 한국 불교계에 내면화되고 그에 대한 반응이 표면화되기까지는 약 10년의 세월이 요구된다. 선종이 주도하는 한국불교, 한국불교의 선사상을 대변해 온 지눌, 현대 한국불교계에서 성철이 확보한 종교적 권위, 보조의 사상과 수행 전통을 계승하고 있는 송광사와 성철이 이끄는 해인사 총림이 불교계에서 지니는 위상 등, 한국불교 특유의 지형도는 돈점론에 민감할 수밖에 없었지만, 성철의 돈오점수 비판이 워낙 근원적이고 강력하였기에 소화와 반응에 신중할 수밖에 없었을 것이다.

성철의 돈오점수 비판이 사상적/실천적/현실적으로 가장 큰 충

---

2 성철, 『禪門正路』(불광출판사, 1981), pp.3-4.

격이었을, 그리고 누구보다도 책임 있게 대응해야 할 위치에 있던 송광사 측은, 1990년에 '보조사상연구원'을 통해 송광사에서 '불교사상에서의 깨달음과 닦음'이라는 국제학술회의를 개최한다. 『선문정로』이후 10여 년 만에 비로소 성철의 돈오점수 비판에 대한 본격적인 학문적 검토를 시도한 것이다. 돈오점수에 대한 비판적 관점이나 선종 정통성과 관련한 성철의 지눌 비판은, 이미 1967년의 '백일법문(百日法問)'이나 1976년에 출간된 『한국불교의 법맥』에서 제기되었고, 『선문정로』는 그러한 관점을 이론적으로 체계화시키고 있다. 그렇게 본다면 성철의 돈점론에 대한 한국불교계의 이론적 대응은 근 20여 년이 넘는 시간을 필요로 한 셈이다.

한편 성철의 돈오돈수를 선양하기 위해 1987년에 설립된 '백련불교문화재단'은, 성철의 입적 후 1996년에 재단부설의 '성철선사상연구원'을 설립하고 이후 매년 학술회의를 개최하여 성철의 돈오돈수 사상을 이론적으로 뒷받침하는 작업을 지속한다. 지눌 이래의 돈오점수 전통을 대변하는 송광사 측이 한 축이 되고, 성철을 기점으로 뿌리내려 가는 돈오돈수에 우호적인 해인사 측이 다른 축이 되어, 돈오점수와 돈오돈수 각각의 입장을 집중적으로 탐구해 가는 양자 구도가 자연스럽게 형성된 것이다. 소모적 대립각이 아니라 생산적 상호 작용으로 자리 잡은 이 균형 잡힌 양자 구도를 매개로 하여, 이후 한국 불교계는 돈점론과 관련된 다수의 유익한 탐구 결과들을 축적해 왔다.

송광사에서 개최된 '불교사상에서의 깨달음과 닦음' 국제학술회의는 돈점 논쟁에 대한 학술적 검토의 시발점이라 할 수 있다. 그 이후 현재까지의 돈점론 관련 탐구를 연구자의 관심 초점과 경향을 중심으로 편의상 두 유형으로 분류할 수 있다. 성철의 돈오점수 비판의 타당성을 검토하려는 경향이 그 하나이고, 돈점론 자체에 대한 이해를 심화시켜 가는 경향이 다른 하나이다.

지눌 및 돈오점수에 대한 성철 비판의 타당성에 대해서는, 긍정과 부정 및, 성철 주장의 문제점을 거론하면서도 지눌의 돈오점수와 성철의 돈오돈수가 지니는 가치를 종합해 보려는 태도가 혼재한다. 또한 성철의 돈오점수 비판과 돈오돈수 주장의 타당성을 부정적으로 평가하는 태도에는 직접적 방식과 간접적/우회적 방식이 있다. 직접적 방식은 성철 주장의 논거 자체를 직접 문제 삼고 있고,[3] 간접적 방식은 돈오점수를 비롯한 지눌 사상의 장점과 가치를 적극적으로 부각시키거나, 간화선의 정통이 돈오돈수가 아니라 돈오점수라는 점을 주장함으로써 우회적으로 성철의 비판이 부당하다는 입장을 개진한다.[4] 성철의 주장을 긍정적으로 평가하는 입장들은, 성철의 지눌 비판 논거를 수긍하거나 돈오돈수의 내용과 의의에 대한 긍정적 이해로써 성철의 주장에 동조하는가 하면,[5] 선종의 전통 내에

---

3 김호성, 「돈오점수의 새로운 해석」, 「돈오돈수적 점수설의 문제점」(『깨달음, 돈오점수인가 돈오돈수인가』, 민족사, 1992)/박성배, 「성철스님의 돈오점수설 비판에 대하여」, 같은 책. 박성배의 경우, 비록 성철 주장의 문제점을 지적하고는 있지만, 지눌의 돈오점수와 성철의 돈오돈수가 지니는 가치를 종합하려는 태도를 보이고 있어, 긍정/부정의 어느 한 입장을 취하는 경우라기보다 절충/종합의 태도로 보인다.
4 이종익, 「禪修證에 있어서 頓悟漸修의 과제」(『보조사상』 4집, 보조사상연구원, 1990)/강건기, 「보조사상에 있어서 닦음(修)의 의미」(『깨달음, 돈오점수인가 돈오돈수인가』/인경, 「간화선과 돈점문제」(『보조사상』 23집, 2005).
5 목정배, 「『선문정로』의 근본사상」(『보조사상』 4집, 1990)/「현대 한국선의 위치와 전망」(『깨달음, 돈오점수인가 돈오돈수인가』)/「돈오사상의 현대적 의미」(『백련불교논집』 제3집, 백련불교문화재단, 1993)/윤원철, 「선문정로

서 돈오돈수의 계보를 추적하는 것으로써 성철의 입장을 지지하기
도 한다.[6]

　　한편 돈점론 자체에 대한 탐구들은, 돈점론의 계보학적 이해/
핵심 논점과 배경/문제의식 및 그 의의/학제적 의의 등을 추적해 간
다.[7] 이러한 연구들에도 돈오점수와 돈오돈수에 대한 연구자들의 선

의 수증론」(『백련불교논집』 제4집, 1994)/「韓國 禪學에 있어서 方法論的 省
察의 不在에 대한 斷想 ― 頓漸 論爭의 몇 가지 片鱗에 대한 回顧를 통하여」
(『종교와 문화』 1호, 서울대학교 종교문제연구소, 1995)/정경규, 「보조 원돈문
의 실체와 성철선사의 원돈 비판」(『백련불교논집』 제4집, 1994)/서명원, 「비
교종교학의 관점에서 본 한국불교의 돈점논쟁 ― 돈오돈수 없이는 그리스도
교가 무너진다」(『보조사상』 24집, 2005)/「성철스님 이해를 위한 고찰 ― 그
분의 면모를 어떻게 서양에 소개할 것인가?」(『불교학연구』 제17호, 불교학
연구회, 2007).

6　신규탁, 「本地風光와 臨濟禪風」(『백련불교논집』 제4집, 1994)/박상수, 「돈
오돈수의 기원과 주장자 및 불교역사상의 평가」, 같은 책. 박상수의 논문은
돈오돈수의 계보를 추적하고 있기는 하지만, 돈오돈수에 대한 평가적 태도
를 분명히 하고 있지는 않다.

7　강혜원, 「北宗 神秀의 頓漸觀」(『깨달음, 돈오점수인가 돈오돈수인가』)/전혜
주, 「澄觀과 宗密의 돈점관 비교」, 같은 책/심재룡, 「돈점론으로 본 보조선
의 위치」, 같은 책/이동준, 「돈오돈수와 돈오점수의 洞時的 고찰」, 같은 책/
Urs app, 「A Chinese Concept as a Key to 'Mysticism' in East and West」(『백
련불교논집』 제3집, 1993)/박성배, 「돈오돈수론」, 같은 책/石井修道, 「南宗
禪の頓悟思想の展開」, 같은 책/「頓悟頓修說の受用の課題」, 같은 책 12집,
2002/박태원, 「돈점논쟁의 비판적 검토」(『한국사상사학』 제17집, 한국사상
사학회, 2001)/이덕진, 「돈점논쟁이 남긴 숙제」(『보조사상』 20집, 2003)/김
방룡, 「간화선과 화엄, 회통인가 단절인가 ― 보조 지눌과 퇴옹 성철의 관점
을 중심으로」(『불교학연구』 제11호, 2005)/석길암, 「성철 돈오돈수론의 전
통인식: 화엄 및 통불교 담론과 관련하여」(『백련불교논집』 제15집, 2005)/
김진무, 「선종에 있어서 돈오의 수용과 그 전개」(『한국선학』 15호, 한국선
학회, 2006)/김재범, 「돈점논쟁의 사회학방법론적 함의」(『백련불교논집』 제
8집, 1998)/김광민, 「돈점논쟁의 재해석」(『도덕교육연구』 제19권, 한국도덕
교육학회, 2008)/김영호, 「中國과 티벳에서의 頓漸靜論과 普照의 頓悟漸修」
(『보조사상』 2집, 1988)/전재성, 「티베트 불교의 돈점논쟁」(『깨달음, 돈오
점수인가 돈오돈수인가』)/최봉수, 「원시불교에서의 悟의 구조」, 같은 책/임

18

호가 전제되어 있는 것이 대부분이지만, 전반적으로 돈점론 자체에
대한 이해를 심화 내지 활용해 보려는 기조를 유지하고 있다.

승택, 「돈오점수와 초기불교의 수행」(『인도철학』 제31집, 인도철학회, 2011).

　　— 해오解悟란 무엇이고 어떻게 평가할 것인가?

　　성철에 의하면, 지눌이 말하는 돈오는 지해(知解)에 의한 깨달음인 해오이다. 그런데 지해는 분별 알음알이에 불과한 것이니, 해오는 분별 알음알이 범주를 벗어나지 못하는 것인데, 선종의 돈오를 이러한 해오로 간주하는 것은 천부당만부당한 잘못이라고 한다. 지해에 의거한 깨달음은 여전히 분별에서 풀려나지 못한 것이므로 '점수'를 요청할 수밖에 없고, 그러한 돈오점수는 '교가(教家)의 수행방법인 해오점수(解悟漸修)일 뿐'[8] 결단코 선문(禪門)의 돈오 견성이라 할 수 없다는 것이다.

　　"大抵 解와 證은 상반된 입장에 있으니, 解는 始初요 證은 終極이다. 사량분별의 妄識 중에서 性相을 명백히 了解하는 佛法知見을 解悟라 하고, 妄識이 永滅하여 知見이 蕩盡되어 究竟의 玄極處에 도달함을 證悟라 한다. 이 證悟를 教家에서는 각종으로 분류하나 선문의 증오는 圓證뿐이

─────────────

8 성철, 앞의 책, p.154.

다. 교가에서는 信·解·修·證의 원칙 하에 해오에서 始發하여 三賢 十聖의 諸位를 經歷修行하여 終極인 증오 즉 妙覺에 漸入한다. 그러나 선문의 悟인 見性은 現證圓通한 究竟覺이므로, 分證과 解悟를 부정하고 三賢 十聖을 초월하여 무여열반의 無心地인 證悟에 直入함을 철칙으로 하니 이 것이 선문에서 高唱하는 一超直入如來地이다. 따라서 諸聖의 分證도 微細知解에 속하여 견성이 아니다. 그뿐만 아니라 추호의 知解가 잔류하여도 證悟치 못하고 일체의 知見解會가 철저 탕진되어야 견성하게 되므로 分證과 解悟를 修道上의 一大障碍 즉 解碍라 하여 절대 배제하는 바이다. 이것이 禪敎의 상반된 입장이며 선문의 특징인 동시에 명맥이니, 玉石을 혼동하여 後學을 의혹하게 하면 佛祖의 慧命을 단절하는 중대과오를 범하게 된다."[9]

"頓悟漸修를 내용으로 하는 解悟인 圓頓信解가 禪門 최대의 禁忌인 知解임을 明知하였으면 이를 완전히 포기함이 당연한 귀결이다. 그러므로 『禪門正路』의 本分宗師들은 추호의 知解도 이를 佛祖의 慧命을 단절하는 邪知惡解라 하여 철저히 배격할 뿐 一言半句도 知解를 권장하지 않았다. 그러나 普照는 圭峯의 解悟思想을 知解라고 비판하면서도 『節要』, 『圓頓成佛論』 등에서 解悟思想을 연연하여 버리지 못하고 항상 이를 고취하였다. 그러니 普照는 만년에 圓頓解悟가 禪門이 아님을 분명히 하였으나, 시종 圓頓思想을 고수하였으니, 普照는 禪門의 표적인 直旨單傳의 本分宗師가 아니요, 그 思想의 主體는 華嚴禪이다."[10]

성철에 의하면, 선가의 생명(佛祖正傳)인 견성은 일체의 지적 이해(知見解會)가 흔적조차 없어진 원증돈증(圓證頓證)의 증오(證悟)일 뿐이다. 따라서 단계적 깨달음(分證)이나 지적 깨달음(解悟)은 견성

9 같은 책, pp.28-29.
10 같은 책, p.209.

제3장 돈점 논쟁의 핵심

이 아닐 뿐 아니라 견성의 커다란 장애물이니 절대적으로 배척해야 한다.[11] 구경무심(究竟無心)의 부처경지(佛地)인 견성은 근본무명인 제8 아뢰야식의 미세망상마저 끊어 버린 경지이며, 이것이 바로 정각(正覺)이고 원증돈증의 돈오이다.[12]

이러한 선가의 견성을 위해서는 다문지해(多聞知解)를 멀리해야 한다. 해오나 지해는 진여에 대한 지적 이해의 범주를 벗어나지 못하므로, 견성하려면 오직 화두를 참구해야지 경론 학습 등 광학다문(廣學多聞)은 깨달음의 장애일 뿐이라 한다. '불법은 다문총지(多聞聰智)인 해오에 있지 않고 견성에 있다'는 것이다. 그러므로 언어문자의 다문지해인 해오에 현혹되지 말고 오직 공안을 참구하여 활연누진(豁然漏盡)의 원증견성(圓證見性)으로 나아가야 한다. 지해에 얽혀있는 해오점수는 거론할 가치도 없다는 것인데, 하택·규봉·보조는 해오를 설하므로 지해종가(知解宗家)라는 것이다. 보조의 경우, 『결사문』이나 『수심결』에서 돈오점수를 역설하다가, 『절요』에서는 하택과 규봉을 지해종도라 규정하며 돈오점수를 의언생해(依言生解)하는 지해요 교가라 하면서 선문의 경절문을 천명하는 사상 전환을 보이고 있지만, 『절요』·『원돈성불론』 등에서 여전히 원돈해오(圓頓解悟)사상에 연연하고 있으므로, 보조는 선문의 본분종사가 아니고 화엄선을 그의 사상의 주체라 보아야 한다는 것이 성철의 지눌 평가이며 돈오점수 비판의 요점이다.[13]

이처럼 지눌의 돈오점수에 대한 성철의 비판은 해오(解悟)에 집

---

11 같은 책, p.29.
12 같은 책, pp.38, 74-75.
13 같은 책, pp.192-193, 198-209, 217-220.

22

중되어 있다. 돈오 견성, 공안참구, 동정일여(動靜一如)/몽중일여(夢中一如)/숙면일여(熟眠一如)의 삼관돌파(三關突破), 오후(悟後)의 무심보임(無心保任) 등, 성철의 돈오돈수 법문의 모든 체계와 내용은 일관되게 해오와 대비시켜 전개되고 있다. 해오의 비판과 극복이야말로 성철 돈오돈수의 일관된 과제이다. 그런 점에서 역설적이게도 성철의 돈오돈수 법문을 가능케 하는 것은 해오이다. 따라서 성철로 인해 촉발된 돈점 논쟁의 초점이나 핵심도 '해오란 무엇이며 어떻게 평가할 것인가?'에 놓여 있다. 돈오의 의미, 돈오와 점수의 관계, 점수의 내용과 필요성 여부, 점수와 보살행, 오후보임(悟後保任)의 의미, 수행론 체계의 종합성/보편성/현실성 여부, 지눌 사상에서 간화경절문의 지위, 조사선/간화선의 정통성이 돈오돈수인가 돈오점수인가의 문제, 화엄선과 조사선 및 간화선의 관계와 지위 및 평가, 선문(禪門) 및 한국 선불교의 정통성을 어디에 둘 것인가의 문제, 성철의 간화선 지상주의/문헌 취급상의 문제/단장취의(斷章取義)적 논지 수립 등, 기존의 돈점 논쟁에서 등장하는 모든 주제들은 결국 '해오 문제'로 수렴되거나 그로부터 파생 내지 수반되는 것들이라 할 수 있다.

성철로 인해 촉발된 돈점 논쟁의 초점을 해오에 맞추는 것은 돈점 논쟁의 성격이나 의미를 파악하기 위해서일 뿐만 아니라, 이 돈점 논쟁을 한국불교의 미래 전망과 관련시키는 데에도 필요하다. 돈점 논쟁이 선불교 내지 한국불교의 과거와 현재를 읽어 내고 규정하는 데 그치지 않고 그 미래의 전망을 확보하는 것과도 연계시키려면, 반드시 '해오의 문제'를 천착해야 한다. '해오의 문제'는 불교 수행의 보편적 구조 안에서도 중요한 지위를 차지하기 때문이다.

제4장 해오解悟에 관한 논의들

성철의 돈오점수 비판과, 그로부터 촉발된 돈점 논쟁의 핵심은, 결국 '해오 문제'로 모아지고 있다. 돈점 논쟁의 모든 유형이 출입하는 원천에는, '해오가 무엇이고 어떻게 처리할 것인가?'의 문제가 놓여 있다. 이와 관련된 기존의 연구들은 그 초점에 따라 두 가지로 분류될 수 있다. 하나는 해오의 내용 자체에 관한 탐구로서 '해오는 어떤 깨달음인가?'에 주목하는 것이고, 다른 하나는 지눌의 해오와 화엄학과의 상관성을 해명하려는 것이다. 그리고 이 양자는 상호 관련되어 있다.

1. 해오解悟와 지해知解

해오의 내용에 관한 접근 역시 성철의 돈오점수 비판과 관련되어 있다. 지눌의 돈오점수에서 돈오는 해오로서 표현되기도 하는데, 성철은 이 해오가 분별 알음알이 이해인 지해라고 규정한다. 그리고 이러한 지해로서의 해오는 선문의 돈오 견성을 장애하는 해애(解碍)

일 뿐이며, 따라서 지눌의 돈오점수는 지해 범주에서 진행되는 '교가의 수행방법인 해오점수'일 뿐이라고 비판한다. 그리하여 성철 이후의 돈점 논쟁에서는 '지눌이 말하는 해오로서의 돈오가 과연 성철의 규정과 같이 지해에 불과한 것인가?'를 문제 삼는다.

대부분의 지눌 연구자들은 해오가 비록 지적 면모를 지니지만 통상적 의미의 지적 이해는 아니라고 파악한다. 그러나 연구자들에 따라 해오의 내용에 대한 이해의 편차가 있다. 해오의 내용에 대해 직접 견해를 밝히고 있는 사례들을 중심으로 살펴보자. 심재룡은 지눌의 돈오에 대해 다음과 같이 이해한다.

"무시로부터 잘못된 생각에 미혹되어 사대를 몸으로 여기고, 망상을 마음으로 생각하며, 또 이 둘을 '나'라고 생각해 오던 사람이 만약 훌륭한 선지식을 만나 不變, 隨緣, 性相, 體用 등 원리를 설명하는 소리를 들으면, 곧 신령스레 밝은 지견이 곧 참마음이며, 이 마음이 항상 고요하고 가이 없고 형상 없는 법신이라는 사실과, 마음과 몸이 둘이 아닌 것이 '참나'이며, 그 '참나'가 부처와 조금도 다를 바 없다는 이치를 홀연히 깨닫게 된다. 이러하므로 '돈'이라고 한다. … 지눌은 頓이 돈이라고 불리는 까닭은 시간적 즉각성이 아니라 ① 뛰어난 법과 ② 뛰어난 근기 때문임을 명백히 하였다. 지눌은 다양한 근기와 그에 상응하는 방편적 교의를 인정하는 소위 대승불교의 전통에 서서, 일어남은 일어남이 아니라는 화엄교가의 성기설을 궁극적 진리로 삼기 위해서는 오직 그 법을 받아들이는 수승한 근기를 그의 이론체계 속에 포함시키지 않을 수 없다. 이것이 이른바 돈의 참뜻이다. 성기설을 통째로 받아들임에 무슨 단계가 있을 수 없다. 단계 내지 차제가 없는 교설을 돈교라 하는 이유는 대승법과 승근기를 인정하면 자연히 따라오는 결론이라 아니 할 수 없다. 몰록 깨침은 별안간에 부처가 됨이 아니라, 한꺼번에 이 세상이 허깨비임을 깨닫는, 말하자면 생사와 열반을 한통속에 몰아넣고 동시에 이해하는 인식방법이다. 부처가 됨이 아니라 부처도 없고 중생도 없는 한 세상 일대사 인연을 확 깨닫는 인식의 전회이다. 인식의 전회가 반드시 품성의 급전 또는 인격의 완성을 뜻한다고 말할 수 없다. 우리는 깨친 뒤에야 그에 합당한 (윤리적? 부처다운?) 행위를 수행할 수 있다. … ① 몰록 깨침이란 시간적 선행의 의미라기보다, 뒤따르는 수행을 위한 지적인 기초가 된다는 의미이다. 돈오는 따라서 解悟로서 선수행의 기초일 뿐이다. ② 깨침의 내용은 오후수를 위한 전제조건으로서 다음의 두 가지를 내포한다. 첫째, 중생과 부처 사이에는 아무런 차이도 없다는 사실을 깨달아야 한다. 둘째, 번뇌에 싸인 중생과 보리를 증득한 부처(의 차이)는 둘 다 원래 동일한 원천 즉 本來淸淨心으로부터 일어나는 작용(의 차이)임을 알아야 한다. ③ 최초의 깨달음은 반드시 지적인 것(이론, theoria)이기 때문에, 우리는 깨달은 다음에 또 자비와 무애의 삶인 보살도를 행하기 위해서는 꼭 그 깨달음의 내용을 몸소 실천궁행해야 한다(praxis). 불교적 맥락에서의 이론과 실천은 깨달음과 보살도의 躬行이라는 모습으로 우리에게 다가선다."[14]

지눌의 돈오는 화엄의 성기설을 수용하기 위한 장치이며, 별안간 부처가 되는 것이 아니라 한꺼번에 인식을 바꾸는 지적 전환이라는 것, 그리고 이 돈오는 뒤따르는 수행을 위한 지적 기초가 되는 이론적 깨달음인 해오이며, 따라서 돈오점수는 이론과 실천의 불교적 표현이라는 것이다. 그러나 과연 지눌의 돈오가 화엄 교가의 성기설을 받아들이기 위한 장치이고, 해오는 선수행의 지적 기초일 뿐인지는 의문이다.

14 심재룡, 「頓漸論으로 본 普照禪의 위치」(『깨달음, 돈오점수인가 돈오돈수인가』, 민족사, 1992), pp.143-146.

길희성은 돈오의 조건으로 설해지는 '반조의 힘(返照之功)'의 의미로부터 돈오의 의미에 접근해 간다.

"여기서 핵심적인 것은 觀行에 대해 지눌이 즐겨 쓰는 단어인 '返照'라는 말이다. 좀더 정확히 말하면 '빛을 되돌려서 (자기 마음을) 비춘다(廻光返照)'는 말이다. 여기서 '빛'은 우리의 시선이며 우리들의 관심의 방향을 가리키는 메타포이다. '그대의 관심을 돌려라' — 이것은 바깥 세계와 명리의 추구에 사로잡혔던 고려 불교계를 향한 지눌의 외침이었다. 그것은 끊임없이 바깥 사물에서 만족을 얻으려는 천박한 삶을 탈피하여 궁극적 실재를 찾아 내면의 세계로 파고들라는 외침이었으며, 진리를 남의 말이나 문자에서 구하지 말고 바로 자기 자신의 마음에서 구하라는 촉구였다. 返照란 외적 相과 色에 휘둘리지 말라는 것, 단지 相만을 좇아 외부 세계를 향해 치닫지 말라는 것을 뜻한다. 반조의 관점에서 볼 때는 비단 세속적 행위들뿐만 아니라 종교적 행위들마저도 피상적이고 부차적인 일이 되어 버린다. … 요컨대 반조라는 것은 무엇보다도 자신의 마음을 향한 추구이어야 하며, 지눌에 따르면 자신의 마음이야말로 곧 진리를 만나는 장소이다. 그러나 빛을 되돌려 내면을 향하게 하는 목적은 무엇이며 반조의 행위를 통해 얻는 이득은 무엇인가? 지눌에 따르면 그것은 곧 마음을 깨닫는 것, 즉 頓悟의 체험이다. 자기 자신의 본마음이 바로 부처의 마음이며 자신의 본래적 성품이 곧 부처의 성품(佛性)임을 깨닫는 일이다. 지눌에 따르면 이 돈오야말로 禪의 출발이며, 그것에 의하여 우리는 眞心의 세계에 들어가고 禪의 근원으로 되돌아간다. … 지눌은 깨달음에 대한 분명하고 확고한 지적 안내가 필요하다고 믿었다. 그리고 그러한 지적 기반에 근거하여 반조 행위를 통해서 자신의 마음이 곧 부처의 마음임을 깨닫는 돈오의 경험으로써 禪은 출발해야 한다고 확신했다. 물론 지눌은 이러한 최초의 깨달음이 깨달음의 전부이거나 최종적인 것이라고는 생각하지 않았다. … 지눌에 따르면 解悟는 수행 이전 혹은 수행 없어도 얻어지는 깨달음이며, 반면에 證悟는 수행 끝에 얻어지는

27

깨달음이다. 따라서 지눌이 돈오를 禪의 출발점으로 제시할 때 이는 물론 점차적 수행(漸修)이 뒤따라야 하는 解悟를 의미한다. 이러한 의미에서 돈오는 선의 시작일 뿐이다. 재차 강조하지만, 그렇다고 해서 지눌에 있어서 해오로서의 돈오가 순전히 문자적 이해, 지적 깨달음이라고 생각해서는 안 된다. 그것은 여실언교에 의존하되 반드시 자신의 마음을 반조하는 노력을 수반해야만 한다. … 돈오의 내용은 眞心의 體用이다. 그러나 중요한 것은 돈오란 그러한 진심의 세계를 단순히 어떤 객관적 진리로서 이해하는 지적 행위가 아니라 그것을 바로 자기 자신의 존재, 자기 자신의 마음 바탕과 깊숙이 연관해서 터득하는 실존적 각성이라는 사실이다. 解悟로서의 돈오는 기본적으로 자기 이해요, 자기 자신에 관한 깨달음이다. … 돈오는 자신의 참 자아(眞我), 즉 꿈과 같은 미혹으로 인해 인지하지 못했던 자신의 참 마음(眞心)을 홀연히 발견하게 됨을 의미한다. 미망에서 깨달음으로의 변화, 꿈에서 깨어남이 즉석에서 일어나기 때문에 '갑자기(頓)'라는 것이다. 그것은 점차적으로 진행되는 과정이 아니라 자기 자신의 참 모습을 문득 깨닫게 되는 자각의 행위 혹은 사건으로서, 일종의 정신적 혁명과도 같다. 한마디로 돈오는 갑작스러운 자신의 본성의 발견으로서, 곧 '性을 봄으로 부처가 되는(見性成佛)' 경험이다. 지눌은 여기서 '性'이란 相에 대립되는 개념이 아니라 그러한 대립을 초월하는(性도 相도 없다고 하는) 性, 즉 性(空, 寂)도 아니고 相(色, 用)도 아니면서 동시에 양자를 아우르는 절대적 性을 의미한다고 한다. … 돈오는 결코 단순한 교리의 학습이나 문자 공부만으로 이루어지진 않는다. 이론과 실천, 언어와 체험 사이에는 엄연한 차이가 존재하기 때문이다. 지눌에게 돈오란 如實言教에 기초하여 자기 마음을 반조하는 觀行에 의해서 주어지는 깨달음의 경험이다."[15]

"여실언교(如實言教)에 기초하여 자기 마음을 반조하는 관행(觀

15 길희성, 『지눌의 禪사상』(소나무, 2011), pp.140-146, 152-153.

行)에 의해서 주어지는 깨달음의 경험"이 돈오라는 정의는, 돈오와 관련된 지눌의 말들을 종합적으로 반영하고 있다. 특히 반조의 관행을 돈오의 조건으로 포착하여 중시하는 것은 적절하다. 그런데 이러한 정의는 지눌의 어법을 재조합하는 것일 뿐이다. 우리의 관심은 '반조의 관행'이 과연 어떤 것이며, 또 그로 인해 성취하는 '해오로서의 돈오'는 어떤 내용인가를 읽어 내는 해석학적 관점으로 향하게 된다. 이와 관련한 길희성의 견해는 이렇게 요약된다; 〈'반조(廻光返照)'는 외부 세계를 향하던 시선을 궁극 실재를 찾기 위해 내면의 세계(마음)로 돌리는 관심의 방향 전환이며, 이 반조 행위를 통해 얻는 것이 돈오의 체험이고, 그 돈오는 "자기 자신의 본마음이 바로 부처의 마음이며 자신의 본래적 성품이 곧 부처의 성품(佛性)임을 깨닫는 일"이다. 또한 돈오는 선(禪)의 출발점으로서 점차적 수행(漸修)이 뒤따라야 하는 해오이며, 수행 이전 혹은 수행 없어도 얻어지는 '깨달음의 지적 안내 혹은 기반'이다.〉

'관심을 외부 세계로부터 내면의 마음으로 돌리는 행위가 반조'라는 이해는, 인간의 모든 내향적 탐구에 관한 일반적 정의로써 반조를 파악하는 것이다. 그것은 선문 반조 공부의 독특한 맥락과 내용을 담아내지 못하는 상식적이고 포괄적인 풀이다. 또한 '수행 이전 혹은 수행 없이도 얻어지는 깨달음의 지적 안내 혹은 기반'과 '순전히 문자적 이해나 지적 깨달음은 아닌 것'의 경계선이 무엇인지, 그 차이가 구체적으로 어떤 내용인지에 대해 알려 주는 바가 없다. "자신의 참 자아(眞我), 즉 꿈과 같은 미혹으로 인해 인지하지 못했던 자신의 참 마음(眞心)을 홀연히 발견하게 됨을 의미한다"든가, "갑작스러운 자신의 본성의 발견으로서, 곧 '성(性)을 봄으로 부처가 되는(見性成佛)' 경험"이라는 등의 해석은, 지눌의 말을 재조합하는 것일 뿐이다.

"진심(眞心)의 세계를 단순히 어떤 객관적 진리로서 이해하는 지적 행위가 아니라 그것을 바로 자기 자신의 존재, 자기 자신의 마음 바탕과 깊숙이 연관해서 터득하는 실존적 각성"이라든가, "자기 자신의 참 모습을 문득 깨닫게 되는 자각의 행위 혹은 사건으로서, 일종의 정신적 혁명"이라는 풀이는, 돈오가 단순한 지적 이해의 터득이 아니라 삶의 근원적 전의(轉依)를 가져오는 '자신에 대한 실존적 차원의 각성'이라는 정도의 의미는 전달하지만, 이 역시 사실은 매우 포괄적 독해로서, 선문 돈오 특유의 맥락 안으로 들어가는 것은 미루고 그 밖에서 맴돌고 있는 모호한 수사법 수준에 머물고 있다.

지눌이 설하는 해오로서의 돈오에 가장 적극적 의미를 부여하는 경우는 김호성의 경우이다. 그는 깨달음이 완결되는 궁극적 종착점의 존재 자체에 회의적이다. '궁극적 깨달음은 실재하는 것이 아니며 따라서 깨달음의 획득이라는 것도 실재가 아니라 이름일 뿐이고, 반야부 경전의 공역부공(空亦復空)은 공을 깨달은 공 또한 다시 부정되어야 한다는 의미로서 깨달음은 끊임없는 자기부정의 저편에 존재하는 것이며, 가까이 가면 갈수록 깨달음 역시 한 걸음씩 멀어져 간다는 차원에서 보면 깨달음은 차라리 존재(실재)가 아니라고 해야 할 것 같다. 돈오점수를 주장하면서 지눌이 생각한 깨달음은 돈오돈수의 증오(證悟)보다도 더 멀리 더 위에 있으며, 그것은 가히 끝없는 것'[16]이라면서 '해오의 절대성과 완전성'[17]을 주장한다.[18] 따라

16 김호성, 「돈오점수의 새로운 해석」, 같은 책, pp.221-223, 227.

서 그는 해오는 지해 알음알이가 아니라고 한다.

"해오는 '처음 이해하게 되는 듯한 내용을 가진 것'이 아니며 '이론적으로 이해된 지식'이라고도 할 수 없다. 『선문정로』를 지지하는 사람들은 '해오=지해=教'라고 하는 등식 속에서 논리를 진행시켜 가고 있다. … 돈오점수의 돈오(해오)는 깨달음의 세계에 대한 단순한 배움(學, 解)이 아니다. '미지의 세계를 처음 답사하여 참으로 굉장한 세계가 있구나 하고 감탄하는 것'이 아니다. 미지의 세계를 완연하게 知悉한 것이며, 다만 남은 것은 그 세계를 佛華嚴하는 길이다. 그를 위해서 행하는 自利利他의 六度萬行이 漸修이다. 해오는 그저 '아! 그렇구나'라고 관념적으로 아는 것이 아니라, 본성의 깨달음인바 그것은 단순한 지각이나 이성의 차원에서만 얻어지는 일이 아니고 心身不二의 차원에서 얻어진 全人的 轉回이다."[19]

김호성의 견해에서 주목되는 것은, 해오와 지해의 구별에서 더 나아가 아예 '깨달음은 해오만으로 충분하다'고 하는 '해오의 완전성/절대성' 주장이다. '미지의 세계를 완연하게 지실(知悉)한 것으로서 심신불이(心身不二)의 차원에서 얻어진 전인적 전회(轉回)이며, 남은 것은 그 세계를 불화엄(佛華嚴)하는 길'이라는 그의 해오 풀이는, 해

---

17 김호성, 「돈오돈수적 점수설의 문제점」, 같은 책, p.289.
18 궁극적 깨달음의 실재/깨달음의 완결 가능성을 부정하는 김호성의 이해에 동의하기는 어렵다. 깨달음의 문제를 空의 논리적 맥락에서 무한부정의 의미로 접근하는 것은 '무아/공'의 통찰에 관한 부분적 접근방식일 수는 있다. 그러나 이러한 관점을 깨달음 문제에 전면적으로 적용하는 것은 불충분할 뿐만 아니라 부적절하다고 생각한다. 이러한 관점이 안고 있는 결핍은 무엇보다도 깨달음 성취에 관한 定學的 통찰과 전통을 제대로 반영하지 못하는 데서 기인하는 것으로 보인다.
19 김호성, 위의 논문, p.226.

오는 지혜가 아닐뿐더러 그 자체만으로 완전하다는 이해를 담고 있다. 그러나 비록 해오와 지혜의 차별화는 극적으로 부각시키고 있지만, 과연 지눌이 해오에 그러한 완전성/절대성을 부여했는가는 회의적이다. 지눌은 화엄 원돈신해적 해오가 지해의 장애(解碍)를 안고 있다는 것을 분명히 지적하고 있으며,[20] 또한 돈오적 점수의 필요성이 더 이상 의미가 없는 완전한 깨달음, 즉 돈오돈수적 증오를 지눌 역시 인정하고 있기 때문이다.

궁극적 깨달음의 실재/깨달음의 완결 가능성을 부정하는 김호성의 이해에 동의하기는 어렵다. 깨달음의 문제를 공(空) 논리의 맥락에서 무한부정의 의미로 접근하는 것은 '무아/공'의 통찰에 관한 부분적 접근방식일 수는 있다. 그러나 이러한 관점을 깨달음 문제에 전면적으로 적용하는 것은 불충분할 뿐만 아니라 부적절하다고 생각한다. 이러한 관점이 안고 있는 결핍은 무엇보다도 깨달음 성취에 관한 정학적(定學的) 통찰과 전통을 제대로 반영하지 못하는 데서 기인하는 것으로 보인다.

박성배는 해오에 대한 김호성의 관점이 안고 있는 이러한 문제점을 상세하게 거론한다. 지눌은 해오의 가치와 한계를 동시에 인식했으며, 해오와 증오의 차이점도 분명히 했다는 점을 밝힌다. 그는 지눌의 돈오/해오에 대해 다음과 같이 말한다.

"보조국사는 불경을 읽음으로써 깨칠 수 있다고 믿었다. 물론 그는 그것이 궁극적인 깨침, 證悟라고 주장하지는 않았다. 불경을 읽고서 얻는 깨

---

20 『看話決疑論』, 한국불교전서 4-733a-b.

침을 궁극적인 증오와 구별하기 위해서 종밀은 解悟라는 다른 이름을 붙였다. 아직도 지해적인 요소가 남아 있다는 뜻이다. … 아무튼 수도는 해오가 출발점이며 시동력임을 보조국사는 누누이 강조했다. … 해오라는 경험은 수도자의 일생에서 거짓 수도와 진정한 수도를 갈라놓는 분수령이 되는 셈이다. … 처음 불경에서 배운 단편적이고 가치회색적이고 또한 정적인 지식이 해오라는 경험을 통해서 총괄적이고 유기적이며 또한 동적인 생명으로 전환되면서 여기서 힘이 나오고 그래서 수도자는 비로소 진정한 의미의 행동과 실천의 차원으로 들어가게 된다. … 돈오와 점수의 관계를 이론과 실천의 도식으로 환원하면 여러 가지 어려움이 생긴다. … 돈오점수설 속의 돈오는 지식도 아니고 이론도 아니다. 그것은 지식이 난파당하면서 새로 탄생하는 지혜이며 점수는 그 지혜의 기능과 같은 성격을 지니고 있다. 돈오를 생명의 탄생으로 보면 점수는 생명의 성장과정이다. … '돈오와 점수의 관계'를 '이론과 실천의 관계'로 해석하면 돈오는 지식으로 변질되고 만다."[21]

또한 박성배는 지눌의 돈오점수가 해오와 증오의 차이를 전제로 하는 것임을 분명히 한다.

"'자기의 마음이 곧 根本普光明智'라는 진리는 초심범부라 할지라도 인연만 닿으면 누구나 곧장 알 수 있는 것이다. 이것이 해오의 근본적인 성격이다. 이러한 해오는 점수의 공을 들인 다음에 얻는 증오가 아니다. 해오와 증오를 혼동해서는 안 된다. … 해오를 말하면서 解碍를 말하지 않으면 보조사상이 아니다. 解碍를 말하지 않고서는 보조국사가 평생 강조한 점수의 불가피성과 필수성을 강조할 근거가 없어지고 말기 때문이다. 해오의 悟와 증오의 悟가 두 가지의 다른 悟일 수는 없다. 그럼에도 불구하고 하나에는 解자가 붙고 하나에는 證자가 붙는 것은 순전히 사람 때문

21 박성배, 「성철스님의 돈오점수설 비판에 대하여」, 같은 책, pp.244-246.

제4장 해오에 관한 논의들

에 생기는 일이다. 수행자의 근기가 다르고 경지가 다르기 때문에 해오의 경지에서는 해애가 있게 마련이고 해애를 극복하면 증오의 경지가 나타나는 것이다. …『원돈성불론』이 이통현의 신해사상을 중심으로 해오사상을 고취하여 선과 교의 공통점을 드러내는 데에 주력한 책이라면,『간화결의론』은 大慧선사의 간화선사상을 중심으로 증오사상을 고취하여 선과 교의 차이점을 분명히 한 책이라고 말할 수 있을 것이다. 보조국사는 教도 버리지 않았고, 禪도 버리지 않았다. 따라서 그는 해오도 버리지 않았고 증오도 버리지 않았다. … 보조사상의 구조 속에서는 증오 이전의 수가 바로 해오 이후의 수에 해당한다. 수는 이와 같이 해오 이전의 수와 해오 이후의 수로 말할 수도 있고, 또는 증오 이전의 수와 증오 이후의 수로 말할 수도 있다. … 보조국사 자신이 여러 번 깨친 다음에도 증오를 얻지 못해 마치 원수와 함께 사는 듯했었다고 고백한 것은 너무나 유명한 이야기다. 해오에 지해적인 요소가 남아 있어 점수가 필요하다는 것은 보조논리의 정석에 속한다. … 참다운 보조철학은 국사가 자주 언급하는 '廻光返照'가 과연 어떤 것인지 그리고 언설의 차원이 아닌 親證의 차원에서 참과 거짓을 가려낼 줄 안다는 말이 무슨 뜻인지를 밝혀내는 일에서부터 착실히 시작되어야 할 것이다. … 필자는 궁극적인 悟를 우리말로 '깨침'이라 부르고 아직 거기에 이르지 못한 오는 '깨달음'이라 부르고 있다. 보조국사의 경우는 해오가 깨달음이고 증오는 깨침이다."[22]

박성배에 의하면, 돈오와 점수를 이론과 실천의 관계로 파악하는 관점은 돈오를 지식으로 간주하는 것이기에 부당하다. 돈오는 해오로서, 불경을 읽으면서 '자기의 마음이 곧 근본보광명지(根本普光明智)'라는 진리를 아는 것이긴 하지만, 이 돈오는 지식이나 이론이 아니라 생명의 새로운 탄생을 가져오는 지혜이고, 점수는 그 생명의

22 박성배, 「보조국사는 證悟를 부정했던가?」, 같은 책, pp.331, 343, 349, 351, 354, 363.

성장 과정이다. 또 지눌은 해오와 증오를 구별하였고, 해오에는 '지해적인 요소'가 남았기에 해애(解碍)를 안고 있다. 따라서 점수를 통해 해애를 극복하여 증오로 나아가는 것이 돈오점수의 기본 구조라는 것이다. 아울러 해오의 내용으로서 '자기의 마음이 곧 근본보광명지'라는 화엄적 이해를 그 내용으로 제시하여, 화엄 성기사상과 돈오를 결합시키는 관점을 보여 주고 있다.

지눌은 해오와 증오를 구별하였고 증오를 최종 목표로 삼은 것이라는 관점은, 지눌의 입장에 부합한다. 그리고 해오가 아직 '지해적 요소'를 안고 있기에 해애에 걸려 있다'고 하는 이해는, '해오/지해/해애'를 '지적 이해로서의 해(解)'라는 맥락 안에서 파악하는 관점들과 동일하다. 또한 '새 생명의 탄생' 등으로 표현하며 특별한 의미를 부여하고는 있지만, 지눌의 돈오는 기본적으로 '지적 이해'의 연장선에 있다는 관점을 취하고 있다. 그러나 지눌의 돈오가 지적 이해의 맥락에 놓여 있으며, 화엄의 성기사상적 이해만을 그 내용으로 삼는 것으로 보는 견해는 재고할 필요가 있다.

2. 해오와 화엄 원돈신해圓頓信解

지눌은 선교일치나 돈오점수를 논증할 때 화엄 교학을 적극 활용하고 있다. 선과 화엄의 소통과 융합은 지눌 사상의 일관된 지향이다. 그런데 (간화)선과 화엄의 관계에 대해 지눌과 성철은 상반된 태도를 보여 준다. 양자의 관계에 대해 지눌은 긍정적이고 성철은 부정적이다.[23] 그것도 강한 긍정과 강한 부정으로 엇갈린다. 지눌은 돈오/해오를 화엄 교학으로 설명하면서 선교일치와 돈오점수의 이론체계를 수립하는 동시에 지해의 해애(解礙)를 반조 및 간화선으로 치유하는 데 비해, 성철은 증오(證悟)의 최대 장애물이 지해(知解)라는 전제에 입각하여 '해오인 돈오=지해=교=화엄'의 등식 명제로 돈오점수를 선문의 돈오 견성에 대한 배반/오염으로 규정한다. 지눌이 선문에 화엄을 받아들여 화엄과 선의 공존과 종합을 지향한다면, 성철은 양자의 양립불가를 천명하며 선문에서 화엄의 흔적을 지우려 한다.

이렇게 보면 돈오점수와 돈오돈수의 불화를 음미하는 기존 논쟁의 초점이 명백해진다; '지눌은 스스로 화엄적 해오(圓頓信解/稱性圓談/華嚴禪)가 해애(解礙)를 안고 있다고는 것을 인정하면서도[24] 왜

---

23 김방룡은 간화선과 화엄의 관계에 대한 지눌과 성철의 태도를 '회통'과 '단절'로 파악하는데, 보조와 성철의 상반된 태도를 각자가 직면했던 불교계의 상황과 관련시켜 이해하면서 '화엄과 간화선' 및 '선과 교'의 바람직한 관계 설정에는 지눌의 회통적 방식이 더 적절하다는 견해를 표명하고 있다(「간화선과 화엄, 회통인가 단절인가」, 『불교학연구』 11호, 2005). 석길암 역시 지눌과 성철 사상을 그들이 처한 시대적 배경과 연관시켜 파악하면서, 성철의 주장을 일종의 통불교적 현실과 그 담론에 대한 비판으로 읽는다(「성철 돈오돈수론의 전통인식 ─ 화엄 및 통불교 담론과 관련하여」, 『백련불교논집』 15집, 2005).

24 "然此義理 雖最圓妙 摠是識情聞解思想邊量故 於禪門話頭參詳 徑截悟入之門 一一全揀佛法知解之病也 然話頭無字 如一團火 近之則燎却面門故 無佛法知解措着之處 所以云此 無字破惡知惡解底器仗也 若有能破所破取捨揀擇之見 則宛是執認言迹 自擾其心 何名得意參詳 但提撕者也 禪門亦有爲密付難堪借教悟宗之者 說眞性緣起 事事無礙之法 如三玄門初機得入體中玄所明云 無邊刹境 自他不隔於毫端 十世古今 始終不離於當念 又云一句明明該萬像等是也 禪門中 此等圓頓信解 如實言敎 如河沙數 謂之死句 以令人生解礙故 竝是爲初心學者 於徑截門活句 未能參詳故 示以稱性圓談 令其信解不退轉故 若是上根之士 堪任密傳脫略窠臼者 纔聞徑截門無味之談 不滯知解之病 便知落處 是謂一聞千悟得大摠持者也 又若約圓頓信解門 則此十種知解之病 亦爲眞性緣起 無可取捨 然以有語路義路聞解思想故 初心學者 亦可信受奉持 若約徑截門 則當於親證密契 無有語路義路 未容聞解思想故 雖法界無礙緣起之理 翻成說解之礙"(『看話決疑論』, 한국불교전서 4-733a-b).

돈점 진리담론

군이 선문 안에 화엄적 해오를 포함시키는 것을 포기하지 않으며, 성철은 왜 그토록 배타적으로 보일 정도의 단호하고도 철저한 태도로 화엄적 해오를 선문에서 축출해 내려는 것인가?' ― 성철의 돈오점수 비판과 돈오돈수 천명 이후 전개된 돈점 논쟁의 모든 논의들은 결국 이 질문에 대한 다양한 응답들이라 할 수 있다. 또한 이 질문의 의미를 어떻게 읽고 어떻게 답하느냐에 따라, 선문(禪門)의 과거와 현재 및 미래에 대한 이해와 평가, 전망이 규정될 뿐 아니라, 불교 수행론 자체에 관한 이해 지평이 결정된다. 돈오점수와 돈오돈수의 논쟁이 특수한 불교 전통의 제한된 시/공간에 국한된 문제가 아니고, 모든 불교 전통의 과거/현재/미래에 걸쳐 유효한 보편적 의제일 수 있는 까닭도 여기에서 찾을 수 있다.

3. 지눌과 화엄적 해오의 수용

지눌이 화엄과 선문의 접점 모색에 각별한 노력을 기울인 것은 명백하다. 그러한 지눌의 태도나 의도를 이해하기 위해 현재까지 학계에서 거론된 관점들은 다음과 같이 종합할 수 있을 것이다.

〈아마도 지눌은, 선문이 화엄과 상통한다는 점을 화엄 구도자들에게 이론적으로 설득시켜 선문에 대한 화엄 교가들의 의구심과 오해 및 비판을 해소시켜 선종과 화엄종의 불필요한 불화를 제거하고 싶었고, 마음(달)은 보지 않고 언어(달)만 붙들고 씨름하는 교가의 '마른 지혜(乾慧)' '미친 지혜(狂慧)' '문자법사(文字法師)'의 헛발질을 선문의 견성법으로 그치게 하고 싶었으며, '화엄의 원돈신해가 안고 있는 해애'와 '그 해애를 넘어서는 간화선'이 만나고 갈라지는 분기점을 밝히고, 경절문 활구를 감당키 어려운 초심 학인들을 퇴전치 않게 하려면 화엄적 원돈 해오가 필요하다

는 판단 아래 원돈 해오의 역할을 인정하는 동시에, 원돈문에 대한 간화
경절문의 우위도 분명히 함으로써 선문 본연의 생명력을 확산시키고 선
종을 반석 위에 올려놓고 싶은 의욕도 있었을 것이고, 수행의 지적 토대
와 이론적 소양을 외면하여 치선(癡禪)/광선(狂禪)의 폐해가 범람하는
선종 내부의 병폐를 치유하고 싶은 의지도 강했을 것이며, 깨달음의 궁
극적 징표로서 확보해야 할 자비의 보살행을 합리적 수행 이론으로 뒷받
침하여, 세상을 향한 이타의 서원과 실천이 소홀하게 다루어지는 선종의
수행 풍토를 부처님 법답게 바꾸고 싶기도 하였을 것이다.〉

　　화엄과 선문의 연결 고리를 적극적으로 탐구해 가는 지눌의 행
보에는 이러한 다양한 문제의식들이 복합적으로 작용하고 있을 것이
다. 그러나 그의 탐구에는, 사상적/종파적으로 당시 최대 경쟁자
였던 화엄종과의 종파적 화해나 선종의 지위 확보를 겨냥하는 종파
적 관심보다는, 불교를 통해 인간과 세상의 궁극적 해법을 성취하려
는 구도자로서의 진지한 실존적 탐구 의지가 선행한다는 것을 무엇
보다도 주목해야 할 것이다. '선문의 즉심즉불(卽心卽佛) 도리를 체
득하기 위해 몰두하면서도 화엄교의 오입문(悟入門)은 어떤 것인지
알고 싶었다'[25]고 하는 지눌의 진술한 자기 고백도, 그의 간절한 실
존적 맥락에서 읽어야 적절할 것이다. 구도자로서의 지눌은, 비록
선문에 몸담아 돈오 견성의 길을 걷고 있지만, 화엄도 부처님 가르
침이니만큼 그 안에 선문의 돈오견성에 해당하는 깨달음과 수행의
도리가 있어야 마땅하다고 여겼을 것이고, 화엄을 위시한 교가에 대
해 강한 비판과 부정의 태도로써 경멸하는 선종 구성원들의 태도에

25　"大定乙巳秋月 余始隱居下柯山 常以禪門卽心卽佛冥心 以謂非遇此門 徒勞多
　　劫 莫臻聖域矣 然終疑華嚴敎中悟入之門 果如何耳"(『華嚴論節要序』, 한국불
　　교전서 4-767c).

서 불합리한 독단과 독선의 그림자를 발견하고서 구도자 본연의 자유로운 무전제의 비판 정신으로 그것을 극복하고 싶었을 것이다. 선문과 화엄의 소통적 관계를 집요하게 천착해 가는 그의 의지는, 근원적으로 구도자로서의 진솔한 실존적 성찰에서 비롯되고 있음을 놓치지 말아야 한다. 그럴 때라야 그의 언어에 담긴 성찰의 무게에 제대로 감응할 수 있을 것이다.

끈질긴 탐구 끝에 마침내 지눌은 화엄의 성기사상, 특히 이통현 『신화엄론(新華嚴論)』의 성기(性起)/신해(信解)사상에서 단서를 확보하여, 화엄의 십신초위(十信初位)에서 자기 마음의 근본보광명지를 깨닫는 것과 선문의 돈오가 상통할 수 있다는 확신에 도달한다.[26] 그러나 이 '십신초위에서 자기 마음의 근본보광명지를 깨닫는 것'은 '점수의 공을 들인 후에 깨달은 것이 아닌 것'이므로 돈오적이지만, 아직 지적 이해의 범주에서 탈피하지 못하는 한계(解碍處)가 있다. 그리하여 다생의 습기가 수시로 침범하지만, 이미 무명이 본래 신묘롭고 본래 참된 근본보광명지임을 알았기에, 닦아 없애야 할 것이 있다고 여기지 않으면서 노력하는 방편지관(方便止觀)을 닦아 정혜(定慧)가 원명(圓明)해지는데, 이것을 발심주(發心住)라고 보았다.[27]

---

26 석길암은 「지눌의 돈오와 점수에 대한 화엄성기론적 해석」에서 돈오점수와 화엄 성기론의 관계를 대비적으로 분석하고 있다. 분석에 동원되고 있는 도식적 전제 자체의 타당성 여부는 별개의 문제로 남지만, 돈오점수와 성기사상의 밀접한 연관성을 비교적 잘 드러내고 있다.

27 "是知此一乘 圓頓門假者 十信心初得 根本智果海 非由十千劫歷修然後 至十信滿心明矣 論中但明一生功終 本無十千劫之文也 但初心凡夫會緣 方了自心根本普光明智 非由漸修功至然後悟也 故理智雖現 而多生習氣 念念猶侵 有爲有作 色心未殄 是謂十信凡夫爲解礙處也 然以悟自無明本神本眞 無功大用 恒然之法故 自修十信中方便止觀 任運功成 定慧圓明 便名發心住"(『圓頓成佛論』,

또한 지눌은 돈오 이후의 점수, 즉 깨달음 이후의 닦음(悟後修)이 필요하다는 점을 자비의 서원 및 보살행과 관련시켜 역설하는데, 이때도 역시 『신화엄론』을 논거로 삼고 있다.[28] 그리고 이 오후수(悟後修)로서의 보살행이 화엄의 보현행과 맞닿아 있음은 쉽게 짐작할 수 있다. 지눌의 돈오점수/선교일치 사상은 화엄과 선문의 상호 소통과 접점을 확보하려는 노력과 깊이 연관되어 있음이 분명하다. 또한 화엄과 선의 관계를 모색해 가는 지눌의 태도는 상호 수용적이라는 점에서 분명 포섭적이다.

4. 성철과 화엄적 해오의 배제

성철은 '해오(解悟)는 곧 지해(知解)'라고 판정한다. 선문 정통의 돈오는 일체의 분별 알음알이를 떨쳐 버린 궁극적 해탈(구경각)인데, 분별 알음알이인 지해에 불과한 해오를 돈오라고 주장하는 돈오점수는 돈오의 왜곡이고 오해이며 배반이라고 비판한다. 지해인 해오 정도를 돈오로 여기고 오후(悟後)의 점수를 설하는 돈오점수는 선문의 생명력을 죽이는 일인데, 지해인 해오를 돈오로 설정하게 하는 교학적 통로가 바로 화엄의 원돈신해요 화엄 관법이고 돈오점수적 화엄선이라고 판단한다. 해오의 내용이 바로 화엄 원돈관(圓頓觀)이고, 그런 까닭에 지해에 불과하다는 것이다.

한국불교전서 4-730a).

28 "此悟後修門 非唯不汚染 亦有萬行熏修 自他兼濟矣 今時禪者 皆云但明見佛性然後 利他行願自然成滿 牧牛子以謂非然也 明見佛性 則但生佛平等 彼我無差 若不發悲願 恐滯寂靜 華嚴論云 智性寂靜 以願防智是也 故知悟前感地 雖有志願 心力昧略故 願不成立 悟解後 以差別智 觀衆生苦發悲願心 隨力隨分 行菩薩道 覺行漸圓 豈不慶快哉"(『法集別行錄節要並入私記』, 한국불교전서 4-755 b-c).

이러한 성철의 관점에 의하면, 지눌의 돈오점수는 지해인 화엄적 해오를 선문에 끌어들여 돈오의 의미를 왜곡/오염시켜 버렸으니, 돈오점수를 극복하는 일은 다름 아닌 화엄적 해오를 선문에서 축출하는 일이다. 돈오점수 및 지눌에 대한 성철의 비판은 해오에 집중되어 있고, 그 해오의 교학적/수행적 내용이 바로 화엄의 원돈문이니, 결국 돈오의 뜻을 바로 잡으려는 성철의 노력은 지눌이 끌어들인 화엄적 해오의 자취를 선문에서 지워 버리려는 일로 일관한다. 이러한 성철의 돈오 바로잡기는 두 가지 방식으로 진행된다. 돈오점수적 화엄 해오가 돈오일 수 없다는 점을 밝히는 것이 하나이고, '오직 그리고 철저한' 화두 참구를 통한 돈오돈수의 천명이 다른 하나이다. 돈오점수와 돈오돈수의 넘나들 수 없는 경계선을 선명하게 획정하고, 선문 안에 돈오점수적 화엄선과 돈오돈수적 공안선이 결코 공존/양립할 수 없음을 가장 강력하게 천명한 것이 성철의 핵심 업적이다.

성철에 의하면, 지눌의 돈오는 지적 이해를 내용으로 하는 깨달음(知解인 解悟)이며, 지적 이해(知解)는 선문의 최대 금기이자 돈오의 최대 장애물이므로 돈오점수는 선문의 수행법일 수 없다. 그리고 해오의 이 지적 깨달음을 제공하는 것이 바로 화엄의 원돈수행법이므로, 화엄의 해오적 원돈수행은 선문에서 남김없이 지워 버려야만 한다고 역설한다. 따라서 돈점론에 관한 성철의 관점을 이해하려면 화엄 원돈수행의 내용과 성격을 주목해야 한다.[29]

---

29 정경규의 「보조 원돈문의 실체와 성철선사의 원돈 비판」(『백련불교논집』 4, 1994)은 이 문제를 거론하고 있다.

제5장 핵심 논점을 둘러싼 혼란과 새로운 독법의 요청

'지눌의 돈오/해오가 지해인가?'의 문제와 관련하여 기존에 제시된 견해들은 전반적으로 해오와 지해의 차이를 강조한다. 해오의 완전성을 주장하는 견해도 있지만, 지눌의 입장에 부합한다고 하기는 어렵다. 또한 대부분의 연구자들이 돈오와 화엄 성기사상의 연관을 주목하는데, 해오로서의 돈오를 화엄적 해오로 간주하는 경우, 그 해오의 내용을 "자기의 마음이 곧 근본보광명지라는 것을 아는 것"과 연관시켜 파악한다. 그리고 지눌의 돈오/해오가 화엄 원돈관법을 그 내용으로 하고 있다는 점이, 해오를 지해로 간주하여 비판하는 성철 주장의 핵심 논거이다.

해오와 지해가 같지는 않지만, 해오의 기본 성격은 '지적 이해'이며, 따라서 해오는 지해적 요소에서 자유롭지 못하여 '지적 이해로 인한 한계와 장애(解碍)'를 안고 있다는 관점은, 연구자 대부분이 공유하고 있다. '해오/지해/해애'라는 용어에 공통적으로 등장하는 '해(解)'라는 말의 의미를 모두 '지적 이해/이지적 파악'이라는 맥락에서 처리하고 있음도 일반적이다. 또한 해오로서의 돈오는 선수행의 지적 기초이며, 그러한 돈오를 성취하는 관건은 반조/회광반조에 있다는 관점이 일반적이다.

성철은 지눌의 돈오를 '지해인 해오'라고 비판한다. 그리고 성철은 '지해'라는 말을 '망상을 초래하는 분별지(알음알이)'의 의미로 사용하고 있음이 분명하다. 또한 지눌 자신도 돈오를 해오라고 하면서 증오와 구별하고, 해애나 지해의 문제점을 거론하기도 한다. 그리고 '해오' '해애' '지해'라는 말에는 공통적으로 '해(解)'라는 표현이 들어간다. 그러다보니 지눌 연구자들은 이 용어들을 같은 의미 맥락에서 파악하게 된다. 기본적으로 '해(解)는 지적 이해 내지 이지적 파악'이라는 의미 맥락 안에서, 혹자는 세 용어를 같은 수준의 의미로, 혹자는 수준에 따른 차이를 부여한다. 성철은 '해오가 곧 지해여서 모두가 분별알음알이 장애일 뿐'이라 파악하는 데 비해, 해오와 지해의 차이를 주목하는 입장은 '해오와 지해는 같은 의미맥락 안에 있긴 하지만 그 내용상의 수준이나 차원은 같지 않으며, 해오는 지해 이상의 것'이라고 구별하는 것이다. 그러나 해오와 지해를 다른 것으로 파악하는 경우라도, 해오의 기본 성격이 '지적 이해'에 있다는 전제는 공유하고 있으므로, 기존의 관점들은 해오/해애/지해를 모두 '지적인 이해로서의 해(解)'라는 의미범주 안에서 파악하고 있는 셈이다.

그런데 지눌의 어법을 재조합하는 형태의 '돈오/해오 정의'는, 돈오/해오 및 지해/해애 문제를 탐구하는 데 의미 있는 기여를 하지 못한다. 또한 '돈오/해오는 통상적인 지적 이해가 아니라 삶의 근원적 변화를 초래하는 어떤 실존적 특별한 각성'이라는 정도의 의미를 담은 이런저런 수사적 기법들로써 해석학적 관점을 대체하는 것은,

돈오에 대한 선문 특유의 맥락에 접근하는 데에는 별 도움을 주지 못한다. 어떤 내용으로든 돈오의 성채 안 풍경을 전달하는 것이 아니라, 성 밖을 이리저리 빙빙 돌며 성채의 외관이나 그럴듯하게 묘사하는 격이다.

돈오/해오와 지해/해애 문제의 탐구 여정에서 반드시 통과해야 할 관문은 분명하다. 해오와 지해의 차이를 주장하려면, '지식/이론적 이해와 그렇지 않은 이해' '지식/이론을 넘어서지만 지해적 요소를 안고 있는 이해' '단순한 이해가 아니면서도 이해의 장애(解碍)를 안고 있는 이해'를 가르는 경계선과 그 내용 차이에 대하여 나름대로 견해를 제시해야 한다. 이에 대해 함구하는 한, 해오의 탐구는 겉돌 수밖에 없다.

돈점 논쟁을 둘러싼 기존의 관점들을 종합해 볼 때, 지눌의 돈오점수와 관련하여 우리가 집중해야 할 핵심 논점은 결국 상호 연관된 두 가지 질문으로 요약된다. '지눌이 설하는 해오로서의 돈오를 분별 알음알이인 지해로 간주할 수 있는가?' 하는 것이 그 하나이고, '지눌의 돈오를 화엄사상, 특히 성기사상에 의거한 원돈신해로서 파악하는 것은 충분한가?'가 다른 하나이다.

해오를 지해라고 간주하는 성철은, 그 논거를 '지눌의 돈오는 해오이고 그 해오는 화엄의 원돈신해 관법을 그 내용으로 삼고 있다'는 데에서 확보하고 있다. 그리고 해오와 지해의 차이를 주장하는 사람들도, '지눌의 돈오는 화엄 원돈신해를 그 내용으로 삼고 있으며, 그의 돈오/해오는 화엄의 성기론적 이해를 담기 위한 것 혹은 그 결과'라는 관점을 널리 공유하고 있다. 따라서 지눌의 돈오/해오를 화엄의 원돈신해와 등치시킨다는 점에서는, 성철은 물론 대다수 지눌 연구자들의 견해가 일치한다. 결국 '해오/지해/해애'를 동일시하는 성철의 견해에 대한 판단과 평가는, '화엄적 해오가 지해인가 아닌가?'에 어떻게 답하느냐에 따라 결정된다. 해오와 지해의 차이를 주장하는 견해들은 '화엄적 원돈신해가 단순한 지해와는 다르다.'고 할 것이고, 성철의 관점에서는 '아무리 차이를 부여해 보았자 본질적으로 지해 범주를 못 벗어난다'고 공박할 것이다.

만약 논의의 초점을 '화엄적 해오가 지해인가 아닌가?'에 국한시킨다면, 문헌적 근거에 의거한 논리로는 성철의 주장이 우위에 선다. 지눌은 돈오/해오를 화엄 원돈의 언어로써 설명하고 있는 동시에, 화엄 원돈신해의 문제점으로 '지해/해애'를 거론하면서 간화선을 그 해법으로 제시하기도 한다. 또한 화엄 원돈관법이 지닌 해애의 덫을 거론하면서도, 원돈신해의 수행론적 가치와 역할을 인정하여 그것을 선문에 수용하고 있는 태도도 확인된다.[30] 따라서 이러한 지눌의 말들을 평면적으로 발췌하여 비교/조합하는 한, 해오로서의 돈오는, 성철의 비판처럼, 지해/해애의 범주를 벗어날 수 없다는 혐의에서 자유로울 수가 없다. 그런 점에서 지눌의 돈오를 이해함에 있어서, 해오와 지해의 차이를 주장하는 동시에 돈오의 내용을 화엄의 원돈신해로 채우는 관점은, 논리적 모순을 안게 된다. 오히려 '해오=지해=해애=화엄=교가'의 등식을 일관되게 적용하는 성철의 주장이 논리적으로 설득력이 있다. 화엄 원돈신해만으로 지눌의 돈오점수나 선교일치를 파악하는 한, 지눌이 해애에 걸리는 지해를 선문

---

30 "禪門中 此等圓頓信解 如實言教 如河沙數 謂之死句 以令人生解礙故 竝是爲初心學者 於徑截門活句 未能參詳故 示以稱性圓談 令其信解不退轉故"(『看話決疑論』, 한국불교전서 4-733a).

의 견성법에 끌어들이고 있다는 성철의 비판에 논리적으로 항변하기가 어렵다.

　'돈오점수의 돈오는 해오이다. 이 해오는 화엄 원돈신해이다. 지눌은 원돈신해의 해애를 지적하고 있다.' — 이 세 명제만을 조합하여 돈오점수를 파악하는 한, '지눌의 돈오는 선문 돈오견성의 최대 장애인 지해에 불과하므로, 지눌의 돈오점수는 선문에서 지워 버려야 한다'는 성철의 주장을 논박하기는 어렵다. '지눌의 돈오/해오가 지해 정도는 아닐 것'이라는 관점과, '돈오는 화엄의 원돈신해적 해오를 그 내용으로 한다'는 관점은, 양립하기가 어렵기 때문이다. 그저 '비록 해애의 위험을 안고 있는 지해일지라도 선수행의 지적 토대를 마련하기 위해서는 불가피하다'는 정도의 입장에서, 해오의 긍정적 의미와 가치를 구성할 수밖에 없을 것이다. 그리고 이럴 경우, 지눌이 역설한 돈오점수의 수행론적 지위는, 적어도 선문 내에서는, 전통적으로 누려 왔던 위상보다 현저히 하위로 내려갈 수밖에 없다.

　'지눌의 돈오는 화엄 원돈신해이다'라는 명제에서 출발하는 한, '해오의 지해 여부'에 대한 기존의 상반된 두 입장은 더 이상 추가할 내용을 찾기가 어려워 보인다. '화엄 원돈신해 수행이 어떻게 분별 알음알이와 같을 수 있는가? 화엄 도리와 그에 의거한 수행으로는 성불하지 못한다고 하는 것은 종파적 독단과 독선이 아닌가?' 하는 합리적 항변과, '아무리 그럴듯한 이론을 붙여도 화엄적 해오는 지해 알음알이를 벗어날 수 없다. 선문의 돈오견성은 꿈도 못 꾼다'고 하는 선가(禪家)적 안목이 팽팽히 맞설 수밖에 없다.

　이처럼 기존 논의의 틀은 '지눌의 돈오는 화엄적 해오이다'라는 명제를 공유하고 있다. 그래서 '지눌의 돈오/해오가 지해인가 아닌가?'의 문제도 '화엄적 해오가 지해인가 아닌가?'의 문제가 된다. 그리고 이런 논의 구조 속에서라면 논리적 설득력은 성철의 주장 쪽으로 기운다. 또한 돈오점수를 이렇듯 화엄선 내지 지해 범주로만 판정하게 되면, 지눌의 선사로서의 지위나 선 사상으로서의 그의 이론은, 그 무게나 가치, 위상이 많이 초라해진다. 선 사상사에서 보기 드문 개성과 체계, 종합성을 구현한 탁월한 불교인일 수는 있지만, 그가 몸담았던 선문에서의 위상은 상당한 정도로 훼손된다. 이러한 결과는 과연 지눌을 제대로 이해하고 정당하게 평가한 것일까?

　돈오점수를 비롯한 지눌의 사상에 새롭게 접근함으로써 간과했던 면모를 포착할 수 있는 방법은 없을까? 한국 선문에서 전통적으로 그에게 부여해 왔던 탁월한 위상이 근거 있는 것임을 입증할 수 있는 새로운 독법(讀法)은 존재할까? 만약 그러한 새로운 독법이 있을 수 있다면, 그 단서는 기존의 논의 구조를 지탱하는 핵심 명제들을 재검토하는 데에서 발견할 수밖에 없다. 특히 '지눌의 돈오는 화엄의 원돈신해적 해오'라는 명제를 재검토해야 한다. 만약 이 전제에 갇히지 않을 수 있다면, 논의의 틀 자체를 바꿀 수 있다.

　과연 지눌의 돈오는 화엄적 해오만을 그 내용으로 하는가? 필자는 '그렇지 않다'고 본다. 화엄적 해오는 지눌의 돈오를 구성하고 설명하는 중요한 요소이기는 하지만, 돈오의 내용 전체는 아니다. 다시 말해 필요조건이기는 하지만 충분조건은 아니라고 본다.

　지눌의 돈오/해오가 화엄학의 성기사상과 상응하고 있음은 널리 주목되어 왔다.[31] 그러나 지눌 자신이 돈오점수의 돈오를 '해오'라는 말로 지칭하여 '증오'와 구별하고 있고, 또 화엄의 성기적 원돈신해를 돈오/해오와 대비시키는 이론을 구성하고 있는 것은 분명하지만, 돈오의 내용을 성기적 원돈신해만으로 채워 파악하는 것은 불충분하다. 지눌의 돈오와 성기적 원돈신해가 등치관계는 아니라는 것이다.

지눌이 비록 선교일치를 강조하지만, 그의 사상에서 돈오점수(禪)와 화엄(敎)은 동일한 지위의 병렬 관계가 아니라 실질적으로는 주종(主從)/상하(上下)의 위계 관계에 있다는 관점은 타당하다. 지눌이 비록 화엄 교가와 선문의 화해 내지 상통의 이론적 단서 마련에 노력하고는 있지만, 그것이 그가 화엄과 선을 동일한 지위로 간주하여 비교/융합한다는 것을 의미하지는 않는다. 지눌은 어디까지나 선문에서 활로를 찾고 또 확보하여 선문의 최고 우위를 확신하는 인물이다. 다만 교학을 외면하고 부정하는 선문의 배타적 관행에 동의하지 않고, 교문과 선문의 상호 소통의 가능성을 확신하여 추구하였다는 점에서 여타의 선문 구성원들과 차별적일 뿐이다.

그의 선교일치 사상은 '선문을 정점으로 교가(敎家) 특히 화엄을 포섭/회통하는 위계적/차등적 포섭 이론'이지, 선문과 교문의 병렬적 일치를 설정하거나 추구하는 '수평적/평등적 융합 이론'이 아니다. 선문 수행의 요결로 판단한 돈오점수에 상응할 수 있는 교학으로서, 화엄의 성기적 원돈신해를 선택하여 양자를 대비시키는 정도라 보는 것이 적절할 것이다. 선문의 돈오점수에 상응시킬 수 있는 교가의 이론으로서 화엄을 선택한 것이지, 화엄 교학에 의거하여 돈오점수를 수립한 것은 아니라는 것이다. 이러한 선후/주종 관계를

---

31 석길암은 아예 돈오를 '性', 점수를 '起'의 측면에 배당하여 파악하기도 한다 (「지눌의 돈오와 점수에 대한 화엄성기론적 해석」, 『보조사상』 30집, 2008).

간과해서는 안 된다. 돈오점수와 화엄 교학의 대비 및 융합은, 선교 일치 사상의 이론적 토대와 체계 마련에 주안점이 있는 것이지, 화엄 교학에 의거하여 돈오점수의 내용을 구성하고 규정하려는 것으로 보기는 어렵다.

이처럼 돈오점수에 대한 성철의 비판으로 전개된 돈점 논쟁에는 그 핵심 논점을 둘러싸고 혼란이 존재한다. '지눌의 돈오는 화엄적 해오이다'라는 명제를 공유하고 있는 기존의 돈점 논쟁에는 아직 해소되지 못한 논리적 혼란과 관점 기술(記述)의 모호함이 내재하고 있는 것이다. 특히 지눌의 돈오점수를 수긍하여 옹호하려는 관점들이 그러한 문제점을 안고 있다. 해오와 지해의 차이를 설정하면서도 그 차이의 내용을 의미 없는 수사적 어법으로써 대체하는 모호함이 있고, 돈오/해오와 지해의 차이를 주장하면서도 돈오/해오의 내용을, 지해의 해애를 지닌 화엄의 원돈신해로 채우고 있는 논리적 모순을 안고 있는 것이다.

이러한 혼란을 수습하기 위해서는 돈점 논쟁을 다루는 틀과 방식을 바꾼 새로운 독법이 요청된다. 돈점 논쟁의 핵심 논점을 둘러싼 모호함과 모순을 극복할 수 있는 새로운 독법이 마련되어야 한다. 그 새로운 독법의 구성은 기존의 논의 구조를 지탱하는 핵심 명제들을 재검토하는 데에서 출발해야 한다. 특히 '지눌의 돈오는 화엄의 원돈신해적 해오'라는 명제를 재검토해야 한다. 만약 이 전제에 갇히지 않을 수 있다면 논의의 틀 자체를 바꿀 수 있고, 그 결과 지눌의 선사상, 그의 돈오점수와 성철의 돈오돈수, 돈점 논쟁의 의미, 간화선의 의미, 불교 수행론 등, 연관된 모든 주제들을 재검토/재음미할 수 있는 길도 열리게 된다.

필자는 지눌의 돈오가 두 가지 유형으로 구성되어 있다고 본다. 군이 이름 붙이자면, 하나는 기존에 널리 인지되고 있는 '화엄적 돈오/해오'이고, 다른 하나는 '선문(禪門)/정학적(定學的) 돈오'이다. 돈오/해오에 관한 지눌의 언어들 속에는 이 두 유형이 혼재한다. 그리고 이 두 유형은 삼학(三學) 수행론에서 각각 혜학과 정학 계열에 속한다. 정학의 맥락에 놓여 있는 '선문/정학적 돈오'는 '지적 이해나 이지적 파악'이라는 혜학적 맥락과는 구별되는 의미를 지니고 있는데, 이 '선문/정학적 돈오'를 성취하는 통로가 바로 '반조(返照)/회광반조(廻光返照)'이며 간화선의 '화두의심 참구'다. 지눌의 돈오가 혜학과 정학의 두 가지 맥락에서 펼쳐진다는 것, 그의 돈오는 두 지평으로 구성되어 있으므로 구별하여 접근해야 한다는 관점이 타당하다면, 돈점 논쟁을 다루는 틀과 방식을 바꿀 수 있다. 돈오의 의미를 혜학과 정학이라는 불교 수행론의 보편적 구조 속에서 파악하는 동시에, 그것을 '반조/회광반조'의 의미와 연관시켜 음미한다면, 돈오의 지평을 두 가지로 구별하여 접근할 수 있는 '새로운 독법의 구성'이 가능해진다.

제6장 돈점 논쟁의 새로운 독법

1. 언어와 분별문법의 형성

불교의 존재 해방, 그 해탈의 구현은, 세계를 탐욕/성냄/어리석음으로써 구성해 내는 관행에서 풀려나야 성취된다. 그런데 선문(禪門)에서는 이 탐욕/성냄/어리석음의 인식적 토대인 분별심(分別心)을 특히 주목한다. 니까야/아함에서는 해탈의 장애물로서 탐욕/성냄/어리석음의 문제에 집중하는 데 비해, 선문에서는 세계에 대한 '탐/진/치'적(的) 구성을 '분별'의 문제로 치환하여 다루는 경향이 있다. 더 정확히 말하면, 니까야/아함에서는 탐/진/치와 그 인식적 기반인 분별의 문제가 함께 거론되고 있다면, 선문에서는 돈오 견성의 관문으로서 분별심의 극복 문제에 초점을 맞추는 경향이 있다.

불교의 인식론적 통찰에 따르면 '탐/진/치'와 '분별'은 상호 치환하여 설명할 수 있는 것이고 또 상호 결합되어 있는 것이기는 하지만, 선문에서의 이러한 초점 변화는 그 의미를 주목할 필요가 있다. 그런데 그 의미를 어떻게 읽어 내든 간에, 선문은 모든 '탐/진/치'적 존재 오염을 '분별'의 문제로 환원시켜 그로부터의 해방을 추구하는 방식에 몰두하고 있다. 특히 화두를 참구하는 간화선문(看話禪門)에서는, 돈오견성의 나들목 관문(關門)을 '분별하는 마음'과 '무분별의 무념'이 나뉘는 지점에 세우고 있다.

분별의 핵심 내용은 분명 '세계의 실체적 구성'이다. 모든 존재와 현상을 실체로 번역해 내는 것이다. 실재하지도 않는 실체의 칸막이로써 존재와 세계를 가르고(分), 그렇게 갈라진 존재들에 환각적 내용을 부가시켜 실재로부터 점점 멀어져가게 한다(別). 이 분별 문법으로 번역해 낸 세계에서는, 모든 존재가 각자 변치 않는 자기 고유의 본질을 배타적으로 채우고 있는 것으로 간주되는 주소지 안에 격리되어 갇힌다. 존재들의 열린 상호 조건성, 그 무한한 상호 개방과 상호 연루의 무아 지평은, 분별 문법을 통과하면서 '분리되고 닫힌 자아'들이 각기 고유의 집안에 웅크리고 있는 환각 지평으로 변질된다. 이 자폐적으로 분리된 유아(有我) 지평에서는, 존재론적 격절(隔絶)로 인해 모든 관계가 소유(탐욕)와 배제(성냄) 그리고 착각(어리석음)으로 구성된다. '근거 없는 실체 관념을 조건으로 펼쳐지는 인식의 분별적 확산이야말로 탐/진/치의 인식적 토대'라는 통찰은, 붓다 이래 불교적 통찰의 일관된 생명력이다.

이 분별 문법의 형성 과정에서 작동하는 언어의 기능은 가히 결정적이다. 언어야말로 분별의 토대요 통로이며 집이다. 분별 문법의 직조(織造)는 사실상 언어가 시종 주도해 간다. 언어가 분별의 골조를 세우면, 그 분별 골조는 다시 언어로 치장된다. 언어와 분별은 쉼 없이 상호 작용하면서, 인간을 존재 환각의 늪으로 끌어들인다.

언어와 분별 망상의 이 고약한 유착(癒着) 관계와 그로 인한 삶의 오염을, 정확하게 들추어내어 철저히 해체시키려는 것이 일관된 불교 전통이다.

개념은 사유의 도구이고 통로다. 복잡다단한 경험 세계는 개념을 통해 질서 있게 정리된다. 세계를 구체적이고 특수한 내용으로 정리하고 담아내는 틀은 개념을 통해 형성된다, 그런데 어떤 내용(형상)을 쥐고 있는 개념은 사유만으로 만들어진다고 할 수 없다. 사유는 타자와 구별시키는 어떤 형식이나 틀에 담겨야 비로소 분절된 정체성을 지닌 개념이 되는데, 이때 사유를 분절시켜 특정한 정체성을 지니게 하는 틀을 제공하는 것은 바로 언어기호이다. 언어는 개념의 집이고 틀인 셈이다. 따라서 언어기호는 사유의 궤도이며, 사유는 언어에 의존하고 있다.

언어와 사유는 불가분리적으로 밀착되어 있는데, 이들은 상호적으로 접촉하고 연동되면서 동시적으로 분절되어 정체성을 확보한다. 언어와 사유의 분절적 정체성은 양자 간의 접촉과 연동을 통해서만 생성된다. 사유는 언어와 접속하여 분절되고, 유형적으로 규정되며, 언어는 사유와 접속하면서 분절되어 객관적 유형성을 확보한다. 양자는 한 몸처럼 상호의존적으로 밀착되어 있다. 굳이 양자를 분리시켜 그 선후를 생각한다면, 사유가 언어에 선행한다기보다는 오히려 언어가 사유에 우선적이며, 아니면 적어도 동시적이다.[32]

인식 행위라는 것은 이미 지니고 있는 개념을 잣대로 삼아 외계를 측정하여 그 모습을 드러내거나 부여하는 일이다. 잣대에 맞는

---

[32] 언어와 사유 및 언어 규정력에 관해서는 남경희의 「언어의 규정력」(『철학적 분석』, 한국분석철학회 학회지 창간호, 2000), 「글, 그림, 그리고 사물」(이화여대 인문대교수학술제 대회보, 2001)을 참조.

것만이 인식과 사유 세계로 들어온다는 점에서 인식은 개념 선택적
이고 능동적이다. 그리고 개념의 틀이 언어기호라는 점에서, 결국
언어는 세계 규정력과 구성력을 지니고 있다. 무엇인가를 생각하고
대상을 인식하며 세계와 만나고 경험하는 모든 과정은 '언어적'이
며, 적어도 '언어 의존적'이다.

결국 언어는 세계를 조각해 낸다. 세계를 읽고 구성하며 반응
하는 모든 과정과 그 산물들은 속속들이 언어적이다. 내적/외적 대
상 세계를 향한 사고나 인식은 언어적 규정력에 의해 비로소 그 분
절된 내용을 확보하게 된다. 인간의 사유와 인식과 체험은 언어를
통해서 비로소 어떤 모습을 지닌 것으로 규정되며 객관적으로 공유
가능한 것이 된다. 감관을 통해 형성된 그 어떤 체험일지라도 언어
적으로 규정되지 않으면 체험이라 하기 어렵다.

언어기호에 의해 분절된 정체성을 확보하는 개념의 특징은 '확
정성'과 '배타적 동일성' 그리고 '상반(相反)관계의 구성'이다. 언어기
호/언어적 규정은 칸칸이 분절된 개념이 동일한 내용을 배타적으로
채우고 있다는 관념을 초래한다. 언어에 의해 구획되어진 틀에 담긴
개념의 내용은 분절된 고정적 확정성과 배타적 동일성이라는 환각
적 이미지를 지닌다. 그리고 사유와 인식의 구성단위가 개념이고,
개념의 틀이 언어라는 점을 감안한다면, 사유와 인식 역시 그 내용
이 분절적 확정성과 고정성 및 배타적 동일성이라는 이미지에 의거
하여 새겨진다. 사유와 인식이 언어적인만큼 그에 상응하여 개념적
사유와 인식은 분절된 확정성과 고정성 및 배타적 동일성의 씨줄/
날줄로 그 내용을 직조해 간다. 사유와 인식이 '고정 불변의 개아적
(個我的) 실체'라는 환영(幻影)으로 각색되어 가는 것이다.

또한 개념은 항상 반대되는 이항(異項)과의 관계를 수반한다. '~ 인 것'은 언제나 '~이 아닌 것'과 짝을 이루어 성립한다. 언어에 의한 개념적 사유와 인식은 긍정/부정의 상반적 이항(異項) 대립 관계와 범주에서 작동한다. 개념적 사유의 이러한 상반적 구조는 개념의 실체적 환각과 결합하여 허구의 이분법적 세계를 구성한다.

이와 같이 언어적 사유/인식의 개념적 직조물은 거대한 존재 환각을 잉태하고 있다. 경험 가능한 존재들 속에서 불변의 배타적 본질을 소유하고 있는 개아(個我)는 사실상 존재하지 않는다. 언어 기호에 의한 개념적 사유와 인식은 언어 그림이 지시하고 있을, 혹은 매개하고 있을 것으로 상상하는 '분절된 불변/동일의 존재'를 상정하고 있으나, 언어기호에 해당하는 혹은 매개되는 고정불변/동일의 존재는 사실세계에서 확보되지 않는다. 붓다의 통찰처럼, 언어는 세속적 관행에 따른 용법일 뿐 그에 해당하는 불변의 자아는 존재하지 않는다.[33] 붓다의 말처럼, 경험 가능한 존재들은 보편적으로 무상(無常)하며 무아(無我)다.

인간의 사유와 인식이 개념을 토대로 구축된다면, 그리고 개념의 내용을 부여하는 틀이 언어기호라면, 언어 의존적일수록 언어 환각은 견고해진다. 언어를 붙들면 붙들수록, 언어에 붙들리면 붙들릴수록, 존재 환각도 깊이 뿌리내린다. 언어의 규정적 구성력은 세계 생성의 힘인 동시에, 존재 환각의 원천이기도 하다.

인간이라는 생명체는 사유와 인식의 체계와 내용이 가장 복잡/

---

33 『디가니까야』, 「뽓따빠다의 경」(전재성 역주, 한국빠알리성전협회, 2011, pp.447-448).

고도화된 존재이므로, 사유와 인식이 실존적 삶을 주도적으로 구성해 간다. 따라서 사유와 인식의 환각은 실존적 삶 전체를 환각의 물결 위에서 표류하게 한다. 언어에 의한 개념적 사유/인식은 존재 환각을 생성하고, 그 존재 환각은 삶을 왜곡하고 오염시키는 분별문법을 형성한다. 그리고 이 분별문법은 다시 언어의 환각작용을 심화시킨다. 언어와 분별 문법의 이러한 상호 연관을 아마도 가장 일찍 그리고 깊숙이 간파한 분이 붓다이며, 그분의 통찰을 이어 간 것이 불교 전통일 것이다.[34]

2. '이해/관점에 의한 분별'과 '마음에 의한 분별'

불교, 특히 선문(禪門)이 주목하는 '분별'은, 환각에 포획된 언어적 사유와 인식을 통틀어 지칭하는 말이다. 그런데 삶을 지배하는 존재 환각의 덫을 풀어내는 불교적 방법론을 음미하는 데 있어서, 특히 두 유형의 분별이 주목된다.

불교 수행론의 원형인 팔정도를 구성하는 '세 유형의 수행 군(群)'(三學)은 '행위수행 군(群)'(戒學), '지혜수행 군(群)'(慧學), '선정수행 군(群)'(定學)이다. 삶에 각인된 존재 환각과 오염을, 인간에 대한 불교적 시선과 관심으로, '행위/이해/마음'의 세 영역으로 나누어 대처해 가는 것이 삼학의 방법론적 전략이다. 그리고 분별은 존재 환각에 의한 삶의 왜곡/오염 전반을 지칭하는 것이므로, 행위와 이해

---

34 필자는 「언어, 붙들기와 여의기 그리고 굴리기 — 화두 의심과 돈오 견성의 상관관계와 관련하여」(『동아시아불교문화』 7집, 동아시아불교문화학회, 2011)를 통해, 언어에 대한 불교적 통찰의 면모를 개관한 바 있다.

와 마음의 모든 영역이 분별 범주에 포획되어 있다. 그러나 분별은 근원적으로 사유와 인식에서 형성된 후 행동에 반영된다는 점에서, 분별의 근원은 이해와 마음의 영역으로 소급된다.

인간 실존에서 '행위의 분별' '마음의 분별' '이해의 분별'은 분리할 수 없을 정도로 상호 결합되어 있고, 또 상호 작용한다. 그러나 논리적으로는 '이해와 마음의 분별'이 '행위의 분별'에 선행하며 또 근원적이다. 그리고 분별을 극복해 가는 수행방법론을 가동할 때에는 이 선/후와 근본/지말의 차이를 고려하는 것이 필요하다. 그런 점에서 볼 때, 계학의 필요성과 가치는 결코 과소평가될 수 없는 것이지만, 그럼에도 불구하고 수행론에서의 관심과 비중이 혜학과 정학에 집중되는 것도 자연스럽다.

분별 극복을 위한 수행론의 삼학적(三學的) 구성과 그 취지를 감안할 때, 언어에 의한 환각 구성과정에서는 두 측면을 특히 주목해야 한다. 하나는 '이해/관점에 의한 환각 구성'이고, 다른 하나는 '마음에 의한 환각 구성'이다. '분별' 맥락으로 표현하자면, '이해/관점에 의한 분별'과 '마음에 의한 분별'이다. 전자는 혜학의 대상이고, 후자는 정학의 대상이다.

이해/관점에 의한 분별

정신적/물질적, 혹은 내적/외적 현상에 대한 개념질서적 포착을 '이해'라고 한다면, 누적된 이해의 경향성은 '관점' 혹은 '견해'를 구성한다. 그리고 이해와 관점은 상호 작용하면서 그 내용을 새롭게 구성해 간다.

같은 현상이나 사물이라도 보는 위치에 따라 다르게 보인다. 대상을 바라보는 특정한 좌표에서의 시선이 관점이라면, 그 시선으로 확보한 내용물은 이해가 된다. 염세의 자리에서 인생을 바라보는 것이 염세적 관점이고, 그 관점으로 읽어 낸 인생의 염세적 내용물은 염세적 이해가 된다. 이해와 관점은 밀접하게 결합되어 있고, 또 역동적으로 상호 작용하는 것이기에, 양자의 분기점을 설정하여 분리 식별하는 것은 사실상 어렵다. 그러나 비록 한 몸처럼 상호 연루되어 있지만 무차별하게 취급할 수는 없기에 구분이 필요하다.

이해와 관점이 상호 결합되고 상호 작용하듯이, 사유/인식과 이해/관점의 관계 역시 마찬가지다. 대상에 대한 사유의 개념질서적 파악은 이해와 관점을 형성하고, 그 이해와 관점은 사유와 인식의 방식과 내용을 구성한다. 사유와 인식이 인간 실존을 주도하며 인간적 특질을 형성한다는 점에서 볼 때, 이해와 관점이 삶의 구성에서 차지하는 위상과 역할은 가히 근원적이고도 결정적이다. 따라서 이해와 관점이 실체 관념에 입각한 존재 환각에 붙들려 있다면, 사유와 인식, 나아가 삶 전체의 왜곡과 오염은 필연적이다. 이해와 관점이 분별에 지배된다면, 사유/인식/삶의 환각적 기만과 상처는 필연적으로 수반된다.

팔정도에서 정견(正見)을 첫머리에 두면서 이해와 관점을 바로 잡아 가는 지혜 공부(慧學)를 설정한 것은, 이런 점에서 적절하고 정확하다. 그리고 사유와 인식이 인간의 실존 구성에서 차지하는 역할을 감안할 때, 존재 환각의 어둠(無明)을 완전하게 거두어 내는 것도 결국은 이해와 관점의 완벽한 교정에서 구현된다. 따라서 해탈의 마지막 관문을 열어젖히는 역할을 궁극적 지혜의 몫으로 보는 불교의 입장도 타당하다.

사유와 인식 능력이 '인간적' 삶의 내용형성을 주도한다는 점에서, 존재 환각에 붙들린 삶을 해방시키려면 무엇보다도 '이해와 관점에 의한 분별'을 주목해야 한다. 동시에 이 '이해와 관점에 의한 분별'에 언어가 결정적 역할을 한다는 점도 간과해서는 안 된다. 언어에 의한 사유/인식/행동의 분별 형성을 파악하고, 그 분별에서 풀려나는 방법론을 확보하려면, 우선 '이해와 관점에 의한 분별'을 주목해야 한다. 이해와 관점에 의한 분별이 어떤 성격과 내용인지를 파악한 후에야 그에 대응하는 치유 방법이 마련된다.

백인 학생 A는 같은 반의 흑인 학생 B를 대할 때마다 몹시 불편하다. 동질감을 느끼는 백인 학생들과는 다른 시커먼 피부와 이목구비 생김새며 곱슬머리마저 영 눈에 거슬린다. A의 불편함은 외형상의 이질감에서만 비롯되는 것은 아니다. A는 B를 대할 때마다 B에 대한 인간적 혐오감을 느낀다. '흑인들은 아프리카 야만인들을 일시키려고 데려온 노예 출신이다' '모든 사회적 범죄와 혼란의 주역들은 흑인이다' '흑인 문화는 천박하다'는 등의 생각 때문이다.

A는 이러한 자신의 불편함과 혐오감이 불합리하다는 것을 성찰할 수 있는 학생이기도 하다. 피부색이나 이목구비와 같은 신체적 특징의 차이를 '좋고 나쁨' '아름다움과 추함'으로 평가하여 차별하는 것은, 기준 설정의 근거 없는 편향성에 따른 불합리한 행위라는 것을 안다. 또 흑인들에 대한 인종적, 문화적 선입견도 백인 사회의 이익과 기준들이 부당하게 개입한 불합리한 독단과 독선이라고 성찰한다. 사실 흑인 학생 B는 총명한 우등생일 뿐 아니라 수준 높은 지적, 문화적, 인격적 소양을 지니고 있어, A의 인간적 혐오감은 사실적 근거가 없는 것이다. A는 B라는 실재(實在)를 허구의 불합리한

근거들에 의거하여 왜곡시켜 부당하게 차별대우하고 있는 것이 명백하다. 환각에 끌려 '분별'하고 있는 것이다.

성찰력이 탁월한 A는 B를 대할 때마다 생겨나는 불합리한 감정이나 태도의 원인을 추적해 가다, 마침내 이 불합리한 현상의 인과적 조건들의 심층에 '불합리한 허구적 자아 관념'이 자리 잡고 있다는 것을 알게 된다. 동일한 신체적, 정신적 특징들을 항상 그리고 배타적으로 소유하고 있는 '나' '나의 것' '나에 속한 것'의 존재를 거의 본능적 차원에서 설정하고 있다는 것이, 그 모든 불합리한 분별 인과계열의 원천이라는 점을 파악한다. '백인의 신체' '백인의 정신' '백인의 문화'가 불변의 본질로서 귀속되고 있는 '자아'의 존재와 영역을 배타적/차별적으로 설정하는 것이 문제의 뿌리라고 판단한다. 불편한 느낌, 부당한 태도, 불합리한 관계가, '잘못된 자아 관념'을 전제로 삼은 '이해와 관점에 의한 분별'의 산물임을 알게 된다.

A는 결론 내린다. 〈나의 불합리한 감정과 태도의 이면에는 '이해와 관점의 결핍'이 전제되어 있다. B에 대한 나의 경험은 근원적으로 B에 대한 특정한 이해와 관점에서 유래하고 있다. 그 특정한 이해와 관점은 개인적/사회적 조건들이 얽히고 또 상호 작용하면서 형성된 것으로, 언제나 타당하거나 보편적인 것은 아니다. 그러므로 이미 내면화된 '이해와 관점의 결핍'을 치유하지 않는 한, 그 어떤 노력이나 성취도 불완전하고 불충분할 것이다.'〉 — A는 불만족스러운 문제상황(苦)의 연원으로서 '이해와 관점에 의한 분별'을 주목하게 된 것이다.

마음에 의한 분별

삶에서 펼쳐지는 불합리한 분별 양상은 '이해와 관점의 분별'만 으로는 충분히 설명되지 않는다. 행위적 분별을 초래하는 원인이 '이해/관점에 의한 분별'만으로 파악되지는 않는다. 또 하나의 분별 양태를 주목해야 하는데, 그것을 '마음에 의한 분별'이라 지칭해 본 다. 그러면 '이해/관점의 분별'과 '마음의 분별'은 어떻게 다른가?

다시 A의 문제로 돌아가자. A는 문제 상황의 내면적 연원으로 서 '이해와 관점의 결핍'을 지목한다. 그러나 이 '이해와 관점의 결핍 과 그에 의한 분별'을 그의 실존 상황에서 즉각적으로 인지하여 대 처하는 것은 사실상 불가능하다. B를 접촉할 때 생겨나는 인식과 지 각경험 속에서 즉각적으로 A가 자신의 '이해와 관점'을 포착하거나 확인하기는 매우 어렵다. '이해와 관점'은 직접 지각의 대상이기가 어렵기 때문이다.

A의 이성적 성찰은 사실상 이미 생겨난 인식과 지각 경험을 반 추하여 반성한 결과이다. 그가 성찰과 비판의 대상으로 삼은 '이해 와 관점'은 '이미 지나가 버린 지각/인식 과정에서 작용한 이해와 관 점'이다. 그의 이성적 통찰은 이미 발생해 버린 과거 경험을 반성의 대상으로 삼아 얻은 것이기에, '지나간 경험에서 작동한 이해와 관 점'에 대한 이성적 성찰이며 이지적/논리적 개안이다. 그런 점에서 '이해와 관점'에 관한 이성적/논리적 성찰과 개안은 여실(如實)한 실 재로 향하는 '간접적' 통로다. 존재와 세상의 진실상(眞實相)으로 나 아가는 간접적/우회적 길이다.

그러나 '이해와 관점'에 관한 이지적 성찰이 비록 과거의 지각/

인식 경험에 의거한 것이기는 하여도, 문제 해결에 무의미하거나 무력한 것은 아니다. 그의 이 이지적 성찰은, 분명 내면화되어 작동하고 있는 '이해/관점의 결핍'을 개선시킨다. 그러한 성찰이 반복되고 누적될수록 그 개선과 치유력은 증가한다. 그리하여 유사한 인지/지각적 상황에 처할 때, '이해/관점의 결핍'은 과거와 같은 정도의 병리 증상을 나타내지 않는다. 그에 따른 행위적 분별의 개선도 당연히 수반된다.

비록 사후적이긴 하여도, 논리적/이지적/지적 성찰과 개안이 지속되고 축적되어 미래로 이월됨에 따라, '이해/관점 결핍'의 개선과 병증의 치유 정도도 상승할 것이다. 그러나 여전히 남는 문제가 있다. 〈속성상 사후적이고 미래 이월적인 지적/논리적/이지적 성찰과 개안만으로 과연 이해와 관점의 병증을 완벽하게 치유할 수 있을까? 이해와 관점에 대한 지적/논리적/이지적 성찰과 개안은 사실상 존재와 세상의 여실(如實)한 모습을 향한 간접적/우회적 통로인데, 그것만의 축적/강화로 과연 현재적 실존 상황에서도 '이해/관점의 결핍'을 완벽하게 해소시킬 수 있는 치유력으로까지 발전할 수 있을까?〉 하는 의문이 그것이다.

B를 대할 때마다, A는 일종의 지식/논리/이성의 무력감을 느낀다. 경험에 대한 논리적 성찰과 이성적 개안을 통해 B에 대한 '이해와 관점'에 근원적 결핍이 있음을 알고 있지만, 막상 B를 대하면, 비록 예전 정도는 아니지만 여전히 유사한 느낌과 태도가 반복되기 때문이다. 지적/논리적/이성적 개안에도 불구하고, 실존의 현재에서는 여전히 '이해와 관점의 결핍에서 비롯하는 경험들'이 생겨나 행세한다. 지적/논리적/이성적 개안과 현실 경험 사이의 이 부조화와

괴리가 크면 클수록 그의 좌절감과 무력감도 커진다. 도대체 무엇이 문제인가? 어떤 것을 간과하였는가? 이 대목에서 우리는 '마음의 문제'를 주목하게 된다.

정신적이든 물질적이든, 내면적이든 외면적이든, 어떻게 분류하고 기술하든 간에, 인간이 그 무엇을 경험 대상으로 삼을 때, 그것을 직접 그리고 즉각적으로 읽어 내는 것은 '이해나 관점'이 아니다. 이성적 개안을 비웃듯 솟구쳐 오르는 불합리한 충동과 생각, 합리적 이해나 관점을 배반하는 태도와 경험을 설명하려면, 또 다른 '분별 구성 메커니즘'의 존재를 설정해야 한다. 대상과 접촉할 때마다 즉각적으로 가동하는 이 분별 메커니즘은, 근원적으로 이해나 관점을 기초로 직조된 것이기는 하지만, 그 내용과 구조는 단순히 이해나 관점의 문제로 환원시킬 수 없는 복잡하고 중층적인 것이다.

대상을 수용하는 감관은 여러 조건들로 구성된다. 가시적, 유형적인 신체/물리적 조건과, 비가시적인 정신적 조건들이 상호 조건적으로 결합하고 있다. 감관 조건들을 분류하고 기술하는 언어들은 접근하는 맥락과 관심에 따라 다양할 것이다. 생물학적 언어, 물리/화학적 언어, 철학/종교적 언어 등이 때로는 단독으로 때로는 조합되어 선택된다. 그런데 감관의 조건들을 어떤 언어와 방식으로 기술하든 간에, 인간이 감관 대상과 접촉하여 얻은 지각과 인식은 감관 스크린 위에 올라온 자료들을 읽어 들인 것이지 대상 그 자체는 아니다. 이런 점에서 모든 경험은 어쩔 수 없이 '주관적 성격'을 지닌다. 또한 감관 스크린 위의 감각자료들은 이미 내면화되어 있는 그 어떤 선행 조건들에 의해 분류/선별되고 해석된다는 점에서, 지각/인식 경험은 '구성적'이다.

결국, 대상을 접촉할 때 '즉각적 직접적'으로 작용하면서, 지각/
인식 경험의 구체적 내용을 구성적으로 채워 가는 '분류/선별/판단'
의 '해석/가공 메커니즘'이 존재한다고 보아야 한다. 물리적/사회적/
문화적/정신적 여러 조건들의 상호 결합과 상호 작용으로 형성되었
을 이 관성(慣性)의 메커니즘은, 흡사 규격에 맞추어 벽돌을 찍어 내
는 거푸집과 같이 강력한 문법적 규정력을 행사한다. 경험 구성의
이 강력한 관성 체계는 '범주 구성력'이고 '해석/가공 체계'이며 '문
법적 틀'로서, 일종의 매트릭스다.

　　이 경험구성의 문법체계는 분류/선별/해석/가공의 거푸집이
다. 따라서 이 번역문법을 형성하는 핵심조건은 '이해와 관점'이다.
그러나 이미 거론했듯이 지각경험의 현장에서는, '이해와 관점'이 경
험구성의 즉각적이고 직접적인 통로가 아니다. 이해와 관점들이 핵
심조건으로 참여한, 감정/판단/욕구/행위의 '복합/중층적 체계'가
지각경험의 즉각적이고 직접적인 통로가 된다. 이 구성의 틀/체계
가 언제부터 어떤 과정을 거쳐 어떤 요소들로 형성되었는지 알기는
어려우나, 모든 지각경험에 선행하는 '구성적 문법'으로서 이미 존재
내면에 깊이 뿌리내리고 있다.

　　마치 유전자와도 같은 이 경험세계 구성문법을, 그 주관적/인
지적 성격을 감안하여 '마음'이라 불러 보자. 그 자체가 세계 전체이
기도 한 우리의 지각 경험은 이 마음이 구성해 낸다. 대상에 대한 느
낌/생각/태도를 구성하는 직접적 통로는 이 마음이다. A가 B를 대
할 때 즉각적으로 발생하는 경험 현상들은 마음 때문에 생겨난다.
이해와 관점에 관한 이지적/논리적/지적 개안과 지각 경험내용 사
이의 부조화는, 이 마음의 구조와 내용이 복잡하고 중층적이며 심층

적이기 때문이다. 마음 구성의 핵심요소인 이해와 관점만 해도, 다양한 유형들이 장기간에 걸쳐 누적되어 다층적 경향성을 형성하고 있다. 특정한 이해와 관점의 결핍을 확인한 후 그 결핍을 해소하는 이성적/지적 성찰과 개안을 아무리 철저하고 지속적으로 발전시켰을지라도, 이미 거의 유전적 본능처럼 내면화된 기존의 다른 이해와 관점의 관성들을 일시에 대체하거나 교정 내지 무력화시키기는 어려운 것이 인간 실존이다. 이미 선재하는 잠재의식이나 무의식의 심원한 깊이와 압도적 영향력을 주목하는 정신분석학적 통찰은 그런 점에서 당연하고 자연스럽다.

따라서 지각 경험의 분별적 왜곡과 오염을 충분히 이해하려면, '이해와 관점에 의한 분별'과 더불어, '마음에 의한 분별'을 구분하여 음미해야 할 필요가 있다. 이 두 분별이 상호 독립적인 별개의 것은 아니지만, 분별의 정체를 온전히 파악하고 적절한 극복 방법을 마련하기 위해서는 두 유형의 구분이 요청된다. 이 구분은 단순한 논리적 요청이 아니라 분별의 메커니즘을 제대로 포착하기 위한 실제적 요구이다. 인간은 '이해와 관점'에 막혀 있을 뿐 아니라, '마음'에 속고 있다.

분별 극복의 두 방식과 언어
― 혜학慧學과 정학定學 그리고 언어

'업력(業力)'은 '이해와 관점에 의한 분별' '마음에 의한 분별' '행위적 분별'을 펼치는 구성 문법의 관성적 체계를 총칭한다. 존재 환각에 의한 삶의 왜곡과 오염을 정교한 체계로 전개하는 '분별'을 극복하는 것은, 불교적 어법으로는 '업력에서 해방되는 것'이다. 정신적/물질적 대상을 접할 때마다, 내적/외적 세계와 관계할 때마다,

본능처럼 즉각적이고 강력하게 작동하여 경험을 분별로 물들여 버리는 업력에서 해방되는 것이야말로, 존재 본래의 지락(至樂)을 회복하는 실존 최고의 과제다. 분별의 객지생활을 청산하고 존재 고향의 품에 안기는 귀향여정의 오래된 길. ― 그 길에 올라 고향 행보를 재촉하는 것이 구도자의 본분사(本分事)다.

'이해와 관점에 의한 분별'과 '마음에 의한 분별' 그리고 이들에 수반하는 '행위적 분별'은, 밀접하게 상호 결합되어 있고 또 끊임없이 상호 작용하면서 역동적으로 변화한다. 그러나 존재와 세상의 온전한 고향으로 돌아가는 방법론을 마련하여 가동하기 위해서는 이들을 구분하여 음미하고 식별적으로 접근해야 한다. 그리고 분별 극복의 성패는 궁극적으로, 내면화되어 있는 분류/선별/해석/가공의 조건들에서 얼마나 근원적으로 해방되느냐에 달려 있다는 점에서, 그 초점을 〈'이해와 관점에 의한 분별'을 극복하기〉와 〈'마음에 의한 분별'을 극복하기〉에 맞추게 된다.

'이해/관점에 의한 분별'을 극복하기

― 혜학慧學

'이해와 관점에 의한 분별'에서 풀려나려면 '이해와 관점의 결핍과 병증'을 메우고 치유해야 한다. 따라서 이 보완과 치유 과정은 지적/이성적/논리적 방식이 주도한다. 이해와 관점은 언어에 의한 개념 조작과 그에 의거한 세계의 개념질서적 포착의 문제이므로, 이해와 관점의 수정/보완/교정은 개념구성 및 그 체계의 합리성과 법칙성을 다루는 지식/이성/논리에 의존하게 된다. 이해와 관점의 교정은, 이해와 관점을 비판적으로 성찰하는 지식/이성/논리 능력이 주도하게 되는 것이다.

기존의 이해와 관점을 구성한 것도 지식/이성/논리이고, 그 이해와 관점을 비판하여 새로운 이해와 관점을 구성해 가는 것도 지식/이성/논리다. 따라서 지식/이성/논리는 자신을 비판적으로 성찰하여 자신을 교정해 간다. 지식/이성/논리는 자신을 향한 비판적 성찰과 자기교정 능력을 보여 주는 것이다. 지식/이성/논리가 지닌 이 성찰적 자기점검과 자기교정 면모에 의존하여, 이해와 관점은 교정과 치유에 열리게 된다. '지식/이성/논리'의 '자기비판/자기교정 능력'에 의거한 '이해와 관점의 자기비판/자기교정.' ― 이것이 '이해와 관점에 의한 분별'을 극복하는 기본 방식이다. 불교 수행론의 지혜수행(慧學)은 그 속성상 '지적/이지적/논리적 성찰에 의거하여 이해와 관점을 교정해 가는 노력'에 상응하는 것이다.

그런데 '이해와 관점'에 대한 지적/이성적/논리적 비판과 성찰은, 이미 거론한 것처럼, 항상 경험 후행적(後行的)이어서 간접적 해법이다. 사후적 성찰로 생겨난 지식/이성/논리의 개안일지라도, 향후의 세계 경험과정에서 일정한 치유력을 행사한다는 점에서는 선행적(先行的)/이월적(移越的) 치유이기도 하다. 그러나 그 선행적/이월적 치유력을 십분 인정할지라도, 지식/이성/논리에 의해 '이해와 관점의 분별'을 치유하는 것에는 한계가 있다. 지각경험을 분별적으로 구성하는 과정에서 '이해와 관점' '지식/이성/논리'는 비록 근원적 지위를 차지하지만, 실존 현장에서의 역할은 간접적이다. 사후적 성찰로 인해 성취한 개안이 미래 상황에서의 '이해와 관점'을 교정하는 기능을 발휘하기는 하지만, 이 선행적 치유력을 아무리 강화시켜 이월시킬지라도 그것만으로 현행적(現行的) 지각[35]의 분별 구성을 온

---

35 '현행'이라는 용어는 현재/현행으로 확보되는 물리적 범위를 지칭하는 것이

전하게 치유하기는 어렵다. 지각 현장에서 즉각적/직접적으로 분별 경험을 구성해 내는 것은 특정의 '이해와 관점'이 아니라, 다양한 이해와 관점을 핵심조건으로 삼는 동시에 다른 여러 조건들이 중층 복합적으로 상호결합/상호작용하여 직조된 '마음'이기 때문이다. 그런 점에서 지식/이성/논리에 의한 '이해와 관점의 교정'은 간접적이고 우회적인 해법이다. 그리고 이러한 간접성으로 인해, 지적/이성적/논리적 개안을 통한 '분별하는 이해와 관점의 교정/치유'는 일정한 한계를 지니게 된다.

이러한 한계는 인간의 실존 상황과 역사적 경험을 통해서도 충분히 입증된다. 만약 지식/이성/논리의 성찰과 개안을 통한 '이해와 관점의 교정'만으로 분별 치유력을 충분히 발휘할 수 있다면, 지금까지 축적한 인류의 지적/이성적/논리적 혜안만으로도 '분별의 문명사'는 이미 멈출 수 있었을 것이다. 지식/이성/논리의 자기 교정적 성찰과 개안만으로 '분별하는 이해와 관점'을 치유할 수 있다면, 존재와 관계를 왜곡/오염시켜 온 '분별의 행보'는 진작 멈추었어야 마땅하다. 그러나 지식/이성/논리에 대한 순박한 기대가 참담하게 배신당해 온 것이 생생한 역사적 증언 아닌가. 지식/이성/논리의 치유력에 대한 기대는 과다하고 과잉되어 있다는 것을, '이성 배반의 역사'가 통절하게 일깨워 주고 있지 않은가.

지적/이성적/논리적 혜안은 분별의 발길을 잡기에 충분할 정도

아니라, 문제파악과 해결에 유용한 작업가설적 시설이며 논리적 설정이다. 찰나생멸이라는 무상(無常)의 이법을 철저히 적용한다면, 물리적으로 확보되는 현재/현행의 존재를 주장하기는 어렵다. 정학(定學)의 맥락에서 채용하는 '지금 여기' '오직 현재' 등의 용어는 물리적 의미가 아니라 '분별의 계열/범주/체계/틀로부터의 마음국면/마음자리 옮김'과 관련된 특수한 의미맥락에서 시설된 것이다.

로 이미 축적되어 있다. 그러나 존재와 관계를 왜곡하고 오염시키는 '이해와 관점에 의한 분별 행각'은 아직도 강고하다. 지역주의적 이해와 관점이 부당하고 불합리하다는 이성적 판단은 이미 일반화되어 있다. 그러나 투표장에 들어가면 지역주의적 선택이 투표행위를 지배한다. 인종 차별주의가 인간에 대한 불합리한 이해이고 부당한 관점이라는 것은 너도나도 잘 안다. 그러나 백인 영어교사를 채용하면 문전성시를 이루고, 유색 피부의 외국인 교사를 채용하면 아무리 실력 있어도 한산한 것이 현실이다. 지식/이성/논리를 통한 '이해와 관점의 교정/치유'와 더불어, '마음에 속지 않기'에 시선을 돌리게 되는 이유다.

지식/이성/논리를 통한 '이해와 관점의 교정/치유'가 완전하게 성공하기 어려운 또 하나의 이유는, '교정/치유의 언어 의존성'에서 찾을 수 있다. 지식/이성/논리는 언어에 의한 개념적 명제들을 토대로 성립된다. 따라서 이해와 관점이 지식/이성/논리에 의거하는 정도만큼 이해와 관점은 언어 의존적이다. 이해와 관점은 기본적으로 언어적 개념을 토대로 구성된다. 그렇다면 지식/이성/논리를 통해 이해와 관점을 교정한다는 것은, 기존 이해/관점의 토대가 되고 있는 언어적 개념을 언어적 개념으로 비판하여 그 내용을 새로운 언어적 개념으로 바꾸는 일이다. 그런데 개념에 의한 개념의 비판/수정/대체는, 개념의 상반(相反)구조 자체를 벗어나기 어렵다. '있다'는 이해와 관점을 지식/이성/논리를 통해 비판/교정하려 할 때, '있음'이라는 개념의 반대항(反對項)/이항(異項)으로서의 '없음'의 개념에 의거한 비판/교정의 범주를 벗어나기 어렵다. 개념적 반대항/이항에 의한 '개념 흔들기와 바꾸기'는, 상반적 개념 구조와 범주 안에서 그 상반된 개념들을 여러 형태로 선택/조합하는 변화이지, 상반적 개념구조와 범주 자체에서 풀려나게 하기는 어렵다. '있음'에 대한 이해/관점의 비판과 교정은 '없음'으로의 이동이거나, '있음/없음'이라는 상반 개념의 다양한 조합 이상이 되기 어려운 것이다.

언어에 의해 만들어진 실체 관념을 잉태한 이해와 관점의 허구성을 제거하여, '사실대로 보는 이해와 관점'을 구현하는 것이, '분별하는 이해와 관점의 치유'다. 실체 관념에 의거하여 구성되는 이해와 관점을 온전하게 치유하려면, 실체 관념 자체로부터의 초월이 요구된다. 그런데 기존의 실체 관념을 구성하고 있는 '영원히 변치 않는 존재(有)'라는 개념을 흔들고 바꾸는 기반은, '영원히 변치 않는 존재(有)'의 반대 개념인 무(無)다. 실체로서의 유(有) 개념을 비판하고 해체하는 지식/이성/논리는, 유의 반대 개념인 무에 의존한다. 그러므로 지식/이성/논리를 통해 '유(有)에 기초한 이해와 관점'을 교정하는 작업은, '무(無)라는 개념범주로의 전입'이거나 '유/무를 조합시킨 유/무 변형범주의 선택'이기 쉽지, 유/무 범주 자체로부터의 초월로 나아가기는 어렵다. 그러나 불교의 무아/공 지평은 유/무 범주로서 포착되는 것이 아니라는 것이 붓다 이래의 불교적 통찰이다.

따라서 지식/이성/논리에 의한 실체관념 비판을 통해 무아/공에 관한 온전한 이해와 관점으로 나아간다는 것은, 불가능하지는 않을지라도, 사실상 성공하기가 매우 어렵다. 언어에 의존하는 논리적 성찰을 통해, 실체 관념에 의거하고 있던 이해/관점을 더 이상 붙들거나 그것에 머무르지는 않을 수 있어도, 새롭게 구현되어야 할 온전한 이해/관점의 지평을 포착하기가 어렵다. '흔들기'는 가능해도 '세우기'는 어렵고, '해체와 버리기'는 되어도 '드러내기'는 쉽지 않다.

개념적 토대를 개념적 장치에 의해 '흔들고 해체하고 버리기'만 하면, 그 개념의 상반적(相反的) 구조와 범주로부터도 저절로 탈출하여 온전한 이해 지평이 드러날 것으로 기대하는 것은 무리다. '무아/공'의 지평을 논리적 통로를 따라 접근하려는 지적/합리적 수행 맥락(正見/慧學계열)을 선택한 구도자들이, 흔히 '무한 부정'의 과정을 수행 내용으로 삼는 것은, 개념에 의한 개념 비판이 '개념의 상반구조 안에서의 옮겨 다니기'에 그칠 수 있다는 자각에 따른 불가피한 논리적 선택으로 보인다. 그러나 무한 부정의 방식만으로는 개념 범주로부터의 탈출이 보장되지 않는다. '지식/이성/논리의 자기비판/자기교정 능력'에 의거한 '이해와 관점의 자기비판/자기교정'은, 그 언어 의존성 때문에 '지식/이성/논리 및 이해와 관점의 자기초월'로까지 나아가기 어렵다는 것. ─ 이것이 '지식/이성/논리를 통한 이해와 관점 교정'이라는 분별 극복방식의 문제점이자 한계이다.[36]

---

36 니까야에 담긴 붓다의 定學, 특히 정념 수행의 핵심을, 테라바다의 전통에 따라 '면밀한 관찰로써 올바른 이해력/통찰력을 키워 가는 수행'으로 파악하는 경우도 기본적으로 '이해와 관점 교정의 이지적 방식'을 선택한 것으로 보인다. 위빠사나 수행으로 통념화된 이러한 관점은 정념 수행의 키워드라 할 'pajānāti'를 '이해하는 앎'으로 간주하고 있는데, 이 단어가 등장하는 의미맥락을 얼마나 정확히 포착한 관점인지 필자는 의문이다. 통념화된 위빠사나적 관점에서는 '올바른 이해를 위한 면밀한 관찰 수행을 통해 無常/苦/無我를 직접 체험할 수 있다'는 신념을 보이고 있는데, 과연 성공 가능한 것인지 모르겠다. 그 어떤 이지적 관찰이라도 그 관찰력의 토대는 이미 언어적 개념의 직조물이며, 무상/고/무아의 개념과 관련된 그 어떤 체험도 근본적으로 무상/고/무아의 반대 개념과 무관하기 어렵다. 아무리 찰나지간의 변화를 직접 보고, 괴로움의 깊은 양상을 체험적으로 보았다 할지라도, 그 체험은 무상/고/무아의 반대개념인 불변(常)/즐거움(樂)/자아(我)의 개념과 대비되는 경험을 조건으로 형성된 것이기 쉽다. 만일 그 체험이 개념의 상반 관계나 그 범주 안에서의 경험이라면, 그 어떤 무상/고/무아의 체험과 이해라 할지라도 그것은 언어적/개념적 분별경험이 되기 쉽다. 상반적 개념들로 직조된 '마음의 분별문법'에서 빠져나오는 공부가 필요한 까닭이 여기에 있고, 正念/正定을

실체 관념을 비롯한 모든 환각이 이해결핍/무지/오해의 산물이라는 점에서, '이해와 관점의 교정/치유'는 분별 극복의 핵심적/궁극적 지위를 차지한다. 그러나 지식/이성/논리의 성찰과 개안을 통한 '이해/관점의 교정'만으로는 분별 극복에 한계가 있다는 점도 명백하다. 이것은 '이해/관점의 교정'이 분별의 궁극적 치유 역할을 담당하려면 더 갖추어야 할 조건이 있다는 것을 의미한다. 이런 점에서 이해/관점의 교정을 통한 분별 극복과정은 두 단계로 나누어 접근할 수 있다.

그 첫 단계는, '지식/이성/논리의 성찰과 개안'을 통한 '이해/관점의 교정'이다. 분별은 결국 이해와 관점의 산물이기에 이 교정은 분별 극복의 모든 과정에서 원천적이고 선구적 지위를 갖지만, 그 치유력은 간접적이고 한계가 있다. 그러나 모든 존재환각은 이해결핍/무지/오해에서 비롯된 것이고 분별은 그 환각에 의거하는 것이기에, 분별을 일으키는 환각을 없애는 역할도 궁극적으로 '이해와 관점의 치유'에 의존해야 한다. 따라서 '이해와 관점 교정'을 완전하게 하는 또 다른 단계가 있어야 한다. 불교 수행론의 구조에 비추어 볼 때, '마음에 의한 분별에 속지 않기(定學)'를 통해 '이해와 관점의 치유력'이 완전해져서, 마침내 분별 극복의 근원적/궁극적 역할을 담당하는 것이 그 단계에 해당한다.

이해와 관점은 마음의 분별문법 구성에 핵심 지위로서 참여한다. 또 지식/이성/논리의 성찰과 개안에 의해 이해와 관점을 교정하

핵심으로 하는 定學의 초점은 여기에 있다고 본다. 그리고 禪宗 禪門은 定學의 이러한 핵심 초점을 그 어느 불교전통보다도 정확하고 깊이 있게 포착하고 있다는 것이 필자의 소견이다.

는 것은, '마음 분별에 속지 않기'에 필수적이고도 선행적 조건이다. 지식/이성/논리는 '마음에 의한 분별'을 치유하는 과정에서도 중요한 역할을 하는 것이다. 그런데 이해/관점의 치유 수준과 능력은, '마음 분별에 속지 않기'의 성취 수준에 상응하여 향상한다. 그러다가 마침내 '마음 분별에 속지 않기'가 완전히 성공할 때, 분별 극복에서 '이해와 관점의 교정'이 담당하는 근원적/궁극적 역할이 드러난다. 존재 환각의 어둠을 직접 그리고 고스란히 밝히는 수준의 이해와 관점이 뚜렷해진다. 이해와 관점의 완벽한 치유가 구현되는 것이다. '지혜에 의한 해탈' 국면이고, 정견(正見)이 완전해지는 지점이며, 혜학이 완성되는 시절이다.

'마음에 의한 분별'을 극복하기
― 정학定學

인간은 '이해와 관점'에 오염되어 있을 뿐만 아니라, '마음'에 속고 있다. 그리고 지각/인식을 통한 세계경험의 즉각적/직접적 통로는 '마음'이라는 점에서, 존재와 세계에 대한 분별은 사실상 마음이 주도한다. 이 '마음에 의한 분별'의 극복은 지적/이성적/논리적 성찰과 개안만으로는 힘이 부친다. 마음에 속지 않기 위해서는 지식/이성/논리에 의한 '이해와 관점의 교정'이 반드시 필요하고 또 선행되어야 하지만, 그것만으로는 불충분하고 역부족이다. '마음에 속지 않기'의 관건은 어디에 있는가?

이미 정의한 것처럼, 마음은 '지각/인식의 대상을 선택적으로 수용하여 해석/가공하는 틀/방식/체계'이고 '경험을 분별적으로 구성하는 문법적 번역체계'이다. 이 마음이라는 틀/방식/체계는 대상에 대한 선택과 판단, 평가를 규정하는 다양한 조건들이 상호결합하고 상호작용하면서 누적적으로 구성된 것이다. 그리고 일상적 마음은, 실체관념에서 비롯한 환각에 의거하여 존재와 세계를 왜곡하고 오염시키는 '분별의 거푸집'으로서 작용한다. 존재와 세계를 '분별적으로 구성'하는 번역 패턴을 보여 주는 '분별문법'이 통상의 마음이다. 감관을 통해 대상과 만날 때 이 분별문법이 즉각적으로 작동한다. 중생으로서의 인간은 마음이라는 문법을 통해 세계를 분별적으로 번역해 낸다. 대상을 접촉할 때 즉각적으로 생겨나는 경험, 세계를 마주할 때마다 생생하게 펼쳐지는 경험은, 마음이라는 분별문법의 번역물이다.

이렇게 보면 '마음에 의한 분별'에서 벗어나는 길은 분명하다. '마음 분별에 속지 않기'의 관건은 마음의 그 분별문법에서 '빠져나오는 일'이다. 분별문법 안에 속해 있는 한, 제아무리 정교하고 화려할지라도 그 번역물은 '분별적'이다. 실체라는 존재환각을 전제로 직조된 분별문법을 붙들고 가동하는 한, 생각/감정/인식/행동/판단/선택 등과 연관된 모든 경험은 분별의 다채로운 버전이다. '마음에 의한 분별'은 '마음속'에서는 그쳐지지 않는다. 마음이라는 분별문법 안에서 아무리 이성적 성찰을 하고 집중을 해도, 어차피 분별 바다 속에서 헤엄치는 분별 양상이다. 이미 깊숙이 내면화되어 마치 유전자나 본능처럼 즉각적이고 강력하게 작동하는 분별문법을 인지하거나 경계하기는커녕, 본능에 따르듯 오히려 그 마음에 응하여 적극적으로 붙들고 따라 들어가는 것이 중생 삶의 관성이다. 이 분별의 문법체계/틀을 '붙들고' '쫓아가고' '따라 들어가고', 그 마음 계열에 '빠져들고' '휘말려드는' 관성(업력)에 몸을 맡기는 한, 세계에 대한 환각적 분별과 그 후유증은 필연적이다.

환각으로 일그러지지 않은 존재의 고향을 회복하려면, 분별문법으로 작동하는 마음에 '빠져들지 않는 국면' '그 마음을 붙들지 않는 국면' '그 마음 흐름에 휘말려들지 않는 국면' '그 분별의 마음 계열 전체에서 빠져나오는 국면'을 포착하여 확보해야 한다. 마음에 의한 분별에서 해방되려면, 분별문법 그 자체에서 '통째로 빠져나온' 자리를 확보해야 한다. 불교 수행론에서 참선수행(定學)의 초점과 핵심은 바로 이 '분별문법에서 통째로 빠져나오는 국면 전환' '분별문법에 휘말리지 않는 자리 확보'에 있다고 본다. 니까야/아함의 정학(定學), 그리고 선문(禪門)의 생명력은, 마음의 분별문법에서 통째로 빠져나오는 자리바꿈과 국면전환에 있는 것으로 보인다.[37]

이러한 정학의 초점을 제대로 포착하여 득력하면, 분별문법을 붙들지 않고 빠져들지 않는 자리, 분별계열/체계/틀에 휘말리지 않는 마음 국면을 확고하게 지켜 간수할 수 있게 된다. 그 자리에 서야 비로소, 상상하기 어려울 정도로 방대하고 심층적인 분별 범주/체계/계열/틀에서 해방될 수 있다. '마음에 속지 않기'가 온전히 성취된다. 그리고 그럴 때라야, 그것을 조건으로 삼아, 환각적 분별이 아닌 '사실대로 아는', 해탈의 통찰지가 발생한다. 무분별/무념이, 사유나 판단의 포기나 중지가 아니라, 환각을 떨쳐 낸 성찰과 사유, 연기적 판단과 평가를 굴리는 마음작용이 되는 지평에 오른다.

---

37 이러한 관점은 필자의 「정념의 의미에 관한 고찰」(『철학논총』 제41집 3권, 새한철학회, 2005)/「화두를 참구하면 왜 돈오견성하는가?」(『철학논총』 제58집 4권, 새한철학회, 2009)/「간화선 화두간병론과 화두 의심의 의미」(『불교학연구』 제27호, 불교학연구회, 2010)/「언어, 붙들기와 여의기 그리고 굴리기 — 화두 의심과 돈오 견성의 상관관계와 관련하여」(『동아시아불교문화』 제7집, 동아시아불교문화학회, 2011)/『정념과 화두』(UUP, 2005) 등에서 확인할 수 있다.

분별의 두 가지 극복방식과 언어

앞서 확인한 것처럼, 언어는 존재와 세계에 대한 개념적 포착과정에서 실체라는 환각을 부여하여 발전/강화/확산시키는 데 결정적 통로가 되고 있다. '이해와 관점에 의한 분별'이나 '마음에 의한 분별'에는 모두 언어가 중추적 역할을 한다. 모든 분별범주와 체계는 언어에 의해 촉발되고 전개되며 또 완성된다. 그래서 분별의 해악을 고발하는 모든 통찰은 '언어의 덫에 대한 비판이고 고발'이기에 전반적으로 '언어 적대적'이다. 그런데 흥미로운 것은, 언어가 두 유형의 분별 극복에 모두 참여한다는 점이다.

불교는 그 어떤 통찰보다도 언어에 의한 존재 왜곡과 오염의 핵심을 정확하고도 깊이 있게 포착하여 일깨워 준다. 동시에 불교는 언어에 의한 존재환각과 분별의 덫에서 해방되는 수행과정에, 언어를 적극적으로 동참시킨다. 붓다의 전통은 언어 업력이 어떤 고약한 짓을 벌이고 있는지를 세세하게 들추어 일깨워 준다. 동시에, 어떻게 해야 언어의 덫에서 풀려날 수 있는지를 정확하고 친절하게 일러준다. 그런데 이 모든 과정에서 언어가 동원되고 있다. 언어를 통해 언어의 함정을 깨우쳐 주고, 언어를 통해 언어의 덫에서 풀려나는 도리와 방법을 알려 줄 뿐 아니라, 언어를 통해 분별 극복장치를 가동시키고 있다. 언어는 존재 구속과 해방의 두 면모를 동시에 지니고 있는 것이다. 언어는 저주인 동시에 축복이다. 불교는 언어의 이 양면성을 있는 그대로 직시하여, 언어부정과 언어긍정을 쌍으로 굴린다. 언어가 구속과 해방, 저주와 축복으로 갈라지는 분기점에는 인간이 있다. 인간이 언어를 다루는 방식과 내용에 따라 언어의 운명이 결정된다.

지적/이성적/논리적 성찰과 개안에 의해 '이해와 관점'을 교정해 가는 과정에서 언어가 결정적 역할을 한다는 점은 명백하다. 지식/이성/논리의 기반은 언어이기 때문에, 지식/이성/논리의 자기성찰과 자기교정은 언어에 의존한다. 따라서 '이해와 관점의 교정' 역시 언어 의존적일 수밖에 없다. 언어를 통해 '이해와 관점에 의한 분별'이 펼쳐지지만, 그 분별을 치유하는 것도 언어에 의존한다. 글이나 언어와 무관하게 오직 내면적 성찰에 의하여 이해와 관점을 치유하는 지혜 수행을 할 수 있다고 주장할지 몰라도, 그 내면적 성찰 자체가 이미 언어적이다. 어떤 성찰도 언어에 의한 개념조합과 언어적 분석/음미를 떠나서는 불가능하다. 모든 통찰, 모든 체험은 사실상 언어적 경험이다. 어떤 내용의 언어를 어떤 태도로 수용하는가에 따라 이해와 관점의 교정 양상과 수준이 달라질 뿐이다.

언어적 사유를 특징으로 하는 인간으로서는, 지식/이성/논리에 의한 '이해와 관점의 교정' 작업이 자연스럽고 익숙한 편이다. 불교의 교학적 발달이나 불교인들의 수행 양상도, 존재와 세계에 대한 '불교적 이해와 관점의 탐구와 수용'이라는 지혜수행(慧學) 쪽으로 쏠리는 경향이 있다. 이러한 현상은 인간이 지닌 그 특유의 언어적 면모를 감안하면 자연스러운 것일 수도 있다. 불교인들은 '언어는 알음알이 분별'이라는 언어 비판적 인식과 태도를 널리 공유하면서도, 정작 공부나 수행은 압도적으로 지적/이지적/논리적 개안을 통한 '이해와 관점 교정'에 쏠리고 있다. '언어에 의한 이해/관점의 교정'이 지닌 분별극복의 한계를 감안할 때, 이러한 편향성이 안고 있는 한계나 과제도 명백해진다.

'마음에 의한 분별'을 극복하려는 정학(定學)의 길에서 언어가 감당하는 역할은 색다르다. 마음이라는 분별문법을 '붙들지 않고'

'멈추어 빠져들지 않으며' '휘말려들지 않고' '빠져나오는' 국면 전환의 자리바꿈에서, 언어는 '이해와 관점의 계발과 확보'에 기여하는 것이 아니라, 상반된 두 국면을 열고 닫는 문(門)/관문(關門)의 역할을 한다. 분별계열/체계/틀을 '붙들고 들어가 안기는 국면'과 '붙들지 않고 멈추어 빠져나오는 국면'을 열거나 닫는 두 문을 설정해 본다면, 어느 문은 열고 어느 문은 닫는 여닫이 작용이 흔히 언어를 계기로 이루어지곤 한다. 중생은 언어를 통해 '붙들고 들어가 안기는 국면'으로 들어가는 문을 연다. 이 순간, '붙들지 않고 멈추어 빠져나오는 국면'의 문은 언어에 의해 닫힌다. 반면, 분별극복에 기여하는 이런저런 성찰과 수행 등 필요한 조건이 충분히 갖추어진 수행자는, 정학을 설하는 언어를 문고리로 삼아 문득 '붙들지 않고 멈추어 빠져나오는 국면'으로 나아가는 문을 연다. 이때 '붙들고 들어가 안기는 국면'의 문은 언어에 의해 닫힌다.

따라서 분별의 정학적 극복방식에서, 언어는 그 역할에 따라 상반적 자격을 부여받는다. 만약 언어가 마음의 분별문법에서 빠져나오는 문을 여는 계기가 되면, 그때의 언어는 언어 자체가 진리로서 대접받는 '진제(眞諦)적 언어'가 된다. 그리고 분별문법에서 빠져나온 국면/자리에서 펼쳐지는 언어, 다시 말해 그 국면/자리를 확보한 주인공의 언어는, 언어와 실재/진실이 분리되지 않고 하나로 만난다. '말 그대로가 곧 본분사(本分事)' '말해도 말한 바가 없다' 등의 의미맥락에서 펼쳐지는 불문(佛門)의 언어들이 이 경우에 해당한다.

특히 선종의 선문에서는 이 '본분사 그대로인 말'이 펼쳐지는 정학적 맥락과 자리를 명료하게 파악하여, 그 진제(眞諦)적 언어를 매우 독특한 방식으로 드러내는 모습이 돋보인다. 말을, 언어를, 들고 뱉는 바로 그 자리 그 모습이, 분별문법 안으로 문 열고 들어가는 초라한 꼴인지 아니면 밖으로 빠져나오는 장한 모습인지를, 즉각 간별(揀別)하여 막아 주기도 하고 이끌어 주기도 하며, 인정하여 주고 받기도 하는 언어들을, 개성 강하게 펼쳐 놓는 것이 선종 선문이다. 빠져나오게 하는 언어, 빠져나온 자리에서 본분사로 굴리는 언구들의 방식과 내용은, 실로 독창성과 기발함이 넘쳐난다. '언어에 붙들려 굴림을 받는 언어노예'가 아니라 '언어를 여윈 자리에서 언어를 굴리는 언어 주인공'을 세워 가는 작업에서, 언어 쓰기를 마다하지 않는 것이 선문 언어전통의 생명력이다.

반면에 언어가 분별문법에 걸러드는 문을 여는 계기가 되면, 그때의 모든 언어는 분별의 틀에 빠져 분별 형성과 확산/심화의 통로가 될 뿐이다. 그때의 언어는, 아무리 정교하고 수승한 논리와 지식을 담고 있어도, 분별의 표현이고 매개이며, 분별 확산과 심화의 통로이자 장치다. 이 언어는 분별 알음알이, 곧 '지해(知解)'의 집이다. 그 어떤 언어적 견해나 이해, 주장일지라도 '모두 분별이고 알음알이 지해일 뿐'이라고 내쳐지는 때가 바로 이 국면이다. 선문의 언어 적대적 태도가 유효한 것도 이 맥락 안에서이다. 이때의 언어는 존재환각과 구속의 원천이어서, 언어는 존재의 재앙이며 인간은 언어 주술의 환각에 홀린 언어노예로 전락한다.

언어로 인해 분별문법에서 빠져나오는가, 아니면 걸러들어 빠져드는가를 가르는 것은, 결국 인간 각자의 언어수용 능력과 태도에 달려 있다. 같은 언어를 가지고도 전혀 다른 국면의 문을 열게 되는 것은, 어떤 태도와 노력으로 어떤 언어수용 능력을 갖추었는가에 따라 결정된다. 존재환각을 떨쳐내는 데 필요한 조건들을 예비해 온 사람이라면, '무분별 지혜'를 굴릴 수 있는 문을 여는 열쇠로서 언어를 수용할 것이다. 반면, 존재환각을 즐기고 키우는 조건들을 축적해 온 사람이라면, 언어를 대할 때마다 '분별 지혜'의 문을 열고 들어가 언어에 걸려 넘어질 것이다.

돈점 논쟁에 내재한 혼란을 해소하려면 돈점 논쟁을 읽는 새로운 독법(讀法)이 필요하다. 필자는 그 새로운 독법의 구성조건으로서 '언어와 분별의 관계' '분별의 통로' '분별 극복의 방식'을 주목하였다. 선종 선문을 비롯한 모든 불교전통의 관심은 결국 '분별로부터의 해방' 문제로 귀결되고 있다는 점, 돈점 논쟁의 주역인 선종 선문이 주창하는 돈오견성의 관건도 결국에는 '분별' 여부에 있고 성철의 지눌 비판논거인 '지해(知解)/해애(解碍)'도 분별을 특징으로 하는 앎/이해라는 점, 그리고 분별과 지해는 결국 언어를 떠나 논할 수 없는 '언어의 문제'라는 점을 주목했기 때문이다.

그리하여 구체적으로는 '언어와 분별문법의 형성' '분별의 두 가지 통로 — 이해/관점에 의한 분별과 마음에 의한 분별' '분별 극복의 두 가지 방식과 언어 — 혜학적 방식과 정학적 방식'의 문제를 불교적 사유로 다루어 보았다. 이렇게 구성된 독법으로 돈점 논쟁을 읽으면, 지눌의 돈오가 혜학과 정학의 두 가지 맥락에서 펼쳐진다는 것, 그의 돈오는 두 지평으로 구성되어 있으므로 구별하여 접근해야 한다는 관점을 논증할 수 있는 동시에, 돈점 논쟁을 다루는 틀과 방식을 바꿀 수 있다. 아울러 지눌과 성철의 선사상, 지눌의 돈오점수와 성철의 돈오돈수, 돈점 논쟁의 의미, 간화선의 의미, 불교 수행론 등, 연관된 모든 주제들을 재검토/재음미할 수 있는 길도 열린다.

제7장 돈오의 두 유형

— 혜학慧學적 돈오와 정학定學적 돈오

1. '이해/관점/견해 범주'의 통째적 전의轉依

〈어두운 창고에 있는 새끼줄 더미를 뱀이 꽈리 틀고 있는 것으로 착각한 사람이 있다. 그 착각에 이어, '독사다' '나를 보았다' '나를 물려고 한다' '물리면 죽는다'라는 망상 분별의 연쇄적 확산이 꼬리를 문다. 이어지는 두려움과 공포감에 밀려, 황급히 문밖으로 내달리던 그는 돌부리에 걸려 넘어져 크게 다친다.〉

불변/동질/순일/단독적 개체를 내용으로 하는 자아관념은 근거 없는 환각이다. 변화와 관계의 연속적 생성/소멸 현상(五蘊/새끼줄)을 불변의 본질적 자아(뱀)로 착각한 것이다. 이 존재환각(無明)은 환각적 자아를 확인하고 보존하려는 세 가지 방식을 구성한다. 불변/단일한 자아감 확보의 포지티브 방식인 차지함(탐욕), 배제와 방어의 네거티브 방식을 통해 그 자아감을 보호/보존하려는 밀쳐냄(성냄), 그리고 그 근거 없는 환각적 자아감을 지지해 주는 관점과 논리

(무지)를 강화시켜 간다. 존재환각에 의해 수립된 자아관념을 보존하여 즐기고 영속시키려는 이들 세 가지의 환각 지지방식에 삶을 맡기고 전력 질주하면서, 공연한 불안과 안달과 상처에 신음하는 것이 범부들의 실존이다(독사라는 망상분별에 쫓겨 도망가다가 넘어져 다침).

〈새끼줄을 뱀으로 착각하여 쫓겨 달아나다가 문득 의문이 생긴다. '혹 잘못 본 것이 아닌가? 너무 어두운 창고라서 제대로 보기 어려웠다. 독사가 아니라 독 없는 꽃뱀인지 모른다. 만약 그렇다면 도망갈 필요는 없지. 만약 독사가 아니라 꽃뱀이라면, 뱀이 싫고 무섭기는 하지만 물려 죽을 걱정은 안 해도 되니 이렇게 내달릴 필요는 없지 않은가.'〉

불변/동질/순일/단독적 개체인 물질적 자아가 존재한다고 착각하던 사람이 그 물질적 실체의 존재에 대해 회의를 품는다. 물리학적 탐구결과 등에 의거하여 기존 관점을 비판적으로 성찰함으로써 물질적 실체를 설정했던 착각을 교정한다. 그런데 그는 물질적 실체를 대신하여, '영혼'이나 '정신'의 명명에 해당하는 정신적 실체를 설정한다. 물질적 실체를 정신적 실체로 바꾸는 것을 무지와 착각의 교정이라 생각한다(독사가 아니라 꽃뱀이라고 생각을 바꿈).

물질이건 정신이건 간에 실체관념의 범주에 속하는 것은 모두 존재환각이다. 그 환각의 내용과 수준을 어떻게 수정하더라도, 결국 같은 범주 내에서의 다양한 환각들에 불과하다. 환각범주 자체에서 통째로 빠져나오지 않는 한, 실재는 일그러지고 은폐되며, 환각의 후유증은 어떤 형태와 내용으로든 필연적으로 수반된다(새끼줄을 독사로 보건 꽃뱀으로 보건 간에 환각과 그에 따른 혼란은 지속된다).

존재환각에 의한 실재의 왜곡과 은폐, 그리고 그에 수반하는 삶의 기만과 허위와 고통에서 온전하게 해방되려면, 환각의 범주에서 통째로 빠져나와야 한다(뱀이 아닌 새끼줄임을 앎). 환각범주와 계열 내에서의 다양한 자리바꿈으로는, 비록 그것이 아무리 그럴듯해 보여도, 환각적 허구와 그 후유증을 온전하게 걷어 낼 수가 없다.

환각 범주/계열/체계 내에서 이리저리 옮겨 다니는 것을 '차츰차츰/점차로/차례대로/단계적으로'의 점(漸)이라 한다면, 환각의 범주/계열/체계 그 자체에서 탈출하는 통째적 자리이동은 '단박에/몰록/단번에/한꺼번에/갑자기'의 돈(頓)이다. 존재환각인 실체적 자아관념에 의지하는 한, 모든 유형의 윤리적 자기정화나 심신의 향상 노력은 존재환각 범주 내에서의 '차츰차츰/점차로/차례대로/단계적'이라 불러야 할 개량적/연속적 변화이다(漸). 반면, 존재환각의 범주 그 자체에서 통째로 탈출하는 국면은, '단박에/몰록/단번에/한꺼번에/갑자기'라 일컬을 혁명적/단절적 해방이다(頓).

실존 오염과 고통의 연원을 점하고 있는 무지와 환각은, 그 속성상 근본적으로 '이해/관점/견해'의 문제이며, '이해/관점/견해'는 언어를 통한 개념적 구성물이다. 따라서 이해/관점/견해의 무지와 환각을 통찰하고 교정하기 위해서는, 개념 구성과 조합 및 내용의 오류와 허구를 밝혀 주는 이성과 논리의 역할을 요청하게 된다. 이해/관점/견해의 무지를 밝혀 치유하는 것은, 이성/논리/언어적 지식이 자기성찰과 비판을 통해 자기교정을 성취해 가는 것이 된다.

불변/동질/순일/단독적 개체인 실체적 자아를 설정하는 존재환각적 무지를, 이성/논리/지식의 자기성찰과 비판 및 교정능력에 의거하여 통찰하고 제거하는 길을, 붓다는 '정견(正見)/혜학(慧學)'의 수행으로 수립한다. '무상(無常, aniccā) — 고(苦, dukkhā) — 무아(無我,

anattā)'의 논증과 분석, 이를 통해 생겨난 무아의 이해력(통찰지)에 의지하여 '염리(厭離, nibbidā) – 이욕(離欲, virāga) – 멸/해탈(滅/解脫, nirodha/vimutti) – 해탈지견(解脫知見, vimutti-ñāṇadassana)'의 성취를 설하는 통찰 수행[38]은, 이해/관점/견해의 무지와 환각을 이성/논리/지식 능력을 통해 통찰하고 교정해 가는 존재 귀향의 길이다. 그리고 이 정견/혜학은, 실체적 자아를 조건으로 구성된 존재론과 세계관의 범주/체계/계열 자체에서 탈출하는 이지적 국면이라는 점에서, '단박에/몰록/단번에/한꺼번에/갑자기'의 돈(頓)이며, 이해/관점/견해 범주의 통째적 전의(轉依)로서, '혜학(慧學)적 돈오'라 할 수 있다.

2. '마음 범주'의 통째적 전의轉依

〈뱀이 똬리 틀고 있는 것으로 생각했던 것이 사실은 독사도 아니고, 그렇다고 다른 뱀도 아닐지 모른다. 모양이 뱀 비슷하여 착각한 것일지 모른다. 그렇다면 창고 안에 그런 모습을 하고 있는 것은 무엇일까? 성찰을 이어간 끝에, 마침내 새끼줄 더미일 거라는 추정에 이르렀다. 어제 사람들이 새끼줄로 작업했던 일 등 정황과 정보를 종합하고 분석한 결과, 새끼줄 더미임이 틀림없다는 생각에 이르게 되었다.〉

이 앎은 어두운 창고에 빛을 밝혀 직접 보고 확인한 결과는 아니다. 뱀은 본래 없고 새끼줄 더미였다는 사실을 직접경험으로 검증한 직접지는 아니다. 뱀으로 착각하는 이해/관점/견해를 이성과 논리를 통해 비판적으로 성찰한 결과로 얻어진, 일종의 이성적/논리

---

38 예컨대 『상윳따 니까야』 「무더기 상윳따」 소냐 경(S22:49)(각묵 옮김, 초기불전연구원, 2009), pp.197-200.

적/지적 직관이다. 경험으로 확인된 직접지가 아니라 이성/논리의 간접적 성찰지이다. 이 이지적 성찰을 통해, 독사도 아니고 다른 뱀도 아니라 새끼줄 더미라는 이해/관점/견해를 수립하여 환각적 무지를 치유한다. 그리고 이러한 치유 방식을 통해 혼란과 불안, 고통의 원인이었던 착각은 상당부분 교정된다.

그런데 문제가 남아 있다. 비록 이지적 성찰을 통해 뱀이 아니라는 이해/관점/견해는 수립하였지만, 새끼줄 더미를 볼 때마다 다시금 뱀이라는 착각이 솟구친다. 새끼줄이나 유사한 물체를 볼 때마다, 뱀으로 착각하는 잠재적 경향이 솟구쳐 착각의 무지에 휩싸인다. 뱀에 물렸던 경험이 트라우마처럼 올라와 착각하게 한다. 그럴 때마다 다시금 그 착각과 무지를 이성/논리/지식의 힘을 통해 이지적으로 치유하려고 애쓴다. 이러한 패턴이 반복되면서 이지적 성찰력이 축적되고 강화되며, 그에 상응하여 그의 착각 정도나 빈도는 줄어든다.

그러나 이지적 성찰이 분석/추리에 의한 간접적/우회적 앎을 넘어 직관적 통찰력으로 발전한다 할지라도, 본래 뱀이 아니라 새끼줄이라는 사실을 직접 보는 경험적 직관이 아니라 이성적/논리적 직관인 한, 그 통찰력의 착각 치유력은 사후(事後)적이고 이월(移越)적이어서 완전하기가 어렵다. 이성/논리의 비판적 성찰은 일단 착각의 무지를 경험한 후에 가동된다는 점에서 사후적 교정이고, 지속적으로 누적되고 강화된 성찰의 힘으로 미래의 유사 상황에서 착각 강도와 빈도를 줄여 간다는 점에서 이월적 치유이다. 이러한 간접적/사후적/이월적 통찰력만으로는, 새끼줄을 보는 현장에서 곧장 솟구치는 착각의 반복적 재현을 '그때 그 자리에서' 바로 대처하기가 어렵다. 마음에 내재한 착각의 잠재적 경향이 작용할 때, 바로 그 자리에서, 착각하지 않는 마음 국면을 확보하기가 어렵다.

대상과 접촉할 때 느낌, 지각, 인식, 욕구 등이 상호 결합된 채 생겨난다. 느낌, 지각, 인식, 욕구는 독자적으로 존재하는 단일한 현상이 아니라, 상호 의존적이고 상호 결합적으로 생겨나고 사라진다. 우리는 필요에 따라 그중 어느 한 측면을 작업 가설적으로 선택하여 마치 개별적인 것처럼 명명하고 분석할 뿐이다.

물리적, 정신적 대상들을 접촉할 때, 특정한 느낌, 지각, 인식, 욕구를 생겨나게 하는 '마음의 방식'이 있다. 언제부터 어떤 과정을 통해 형성되었는지는 알 수 없지만, 대상 자료를 특정한 내용으로 해석/가공하는 문법적 방식이 '마음'이라 명명하는 범주 안에 자리 잡고 있다. 다양한 이해/관점/견해와 욕구 방식들, 옳음과 그름, 좋음과 나쁨을 나누는 이지적/감성적 기준과 방식들이 복잡하고 중층적으로 얽혀 구성된, '이해와 욕구의 문법적 경향성'이 존재한다고 보는 것은 합리적이다. 이 해석과 가공의 구성 체제, 그 마음의 문법을, 통칭하여 '마음'이라 명명해 보자. 세계/대상과 만날 때 즉각적으로 생겨나는 느낌/지각/인식/욕구의 경험은 이 마음의 산물이다. 의식의 깊은 층위에까지 뿌리내린 이 해석/가공의 잠재적 경향과 패턴은, 거의 유전자적 본능처럼 즉각적이고 지배적으로 작동하면서 인간의 세계경험을 구성해 낸다.

이성주의적 시선으로 보면, 이해나 관점, 견해가 바뀌면 세계에 대한 구성적 경험도 이해/관점/견해의 바뀐 내용에 상응하여 곧장 바뀌어야 한다. 그러나 현실은 이러한 이성주의적 기대를 배신한다. 이성적 성찰과 논리적 개안을 통해 이해/관점/견해가 교정되었음에도 불구하고, 세계와의 대면 현장에서 즉각 생겨나는 느낌/지각/인식/욕구는, 그 이지적 통찰과 무관한 내용이거나 불충분하게 상응하는 경우가 일반적이다. 인종적 무지와 편견을 충분히 제거할 수 있는 이성/논리의 빛에 의해 마련된 이해/관점/견해를 지녔음에도 불구하고, 막상 자신과 다른 인종을 대면했을 때 즉각적으로 생겨나는 경험은 여전히 이전의 인종적 편견을 조건으로 한 것임을 반복해서 확인해야 하는 것이 일상의 실존이다.

이해/관점/견해를 수정하는 이성/논리의 이지적 성찰력이, 세계 대면의 현장에서 이처럼 제한적 영향력을 보여 주는 이유는 마음의 복합적 성격 때문이다. 마음이라 부르는 해석/가공의 문법체계는 다양한 이해와 관점, 다채로운 욕구 방식과 기준들이 누적적이고 중층적으로 얽혀 구성된 것이며, 심층 의식의 잠재적 경향성으로 뿌리내려 있다. 따라서 표층 의식의 이성적 성찰과 논리적 반성을 통해 특정한 이해/관점/견해를 수립하였을지라도, 이미 마음에 누적되어 있는 상이하거나 반대되는 관점 및 욕구 방식들을 제압하여 지배하기는 어렵다. 세계 대면의 현장에서는, 이성과 논리를 통해 마련된 이해/관점/견해에 의한 경험구성보다는, 마음에 의한 경험구성이 지배적이다. 이성적 성찰을 너무도 쉽게 배반하는 실존의 경험을 이해하려면, 세계경험을 주도하는 '마음'의 존재와 영향력을 설정해야 한다.

불교적 통찰에 따르면, 통상의 마음이 지니는 해석/가공의 문법은 환각적인 존재론적 전제를 안고 있다. 실재하지도 않는 불변/동질/순일/단독적 개체인 실체의 존재를 설정하고 있다. 통상의 마음 문법을 구성하는 이해/관점/견해들, 욕구방식과 기준들은, 근원적으로 이 실체관념을 조건 삼아 형성된 것이다. 따라서 통상의 마음 문법은, '실체관념이 존재론적 조건으로 유효하게 기능하는 범주/계열/체제' 내에서 세계를 해석하고 가공하여 경험내용을 구성한다. 이 마음의 범주는, 실체라는 존재환각을 근본조건으로 삼고 있다는 점에서, 일종의 '존재왜곡의 매트릭스'라 할 수 있다.

실체라는 존재환각을 조건 삼아 형성된 마음의 범주와 계열에 의지하여 세계를 만나는 한, 그 세계경험은 실재의 은폐이고 왜곡이다. 그 마음 문법으로 읽어 낸 세계는, 아무리 정교하고 풍부할지라도, 실재의 왜곡이고 진실 일탈의 가공이다. 그 세계경험은, 느낌이든 지각/인식이든 욕구이든 간에, 존재환각을 조건으로 하므로 무지와 환각의 기만성을 안고 있다. 이 기만적 세계경험에는 실존의 근원적 불안과 고통이 필연적으로 수반된다.

존재환각에 따른 실존의 병을 치유하려는 불교적 시도에 있어서, 이성/논리의 자기비판과 반성 및 자기교정의 능력에 기대어 이해/관점/견해의 치유에 초점을 두는 것이 정견/혜학이다. 그런데 정견/혜학은 그것이 이성과 논리의 빛에 의존하는 이해/관점/견해의 치유이므로, 세계 대면의 현장을 즉각적으로 지배하는 '마음에 의한 세계 왜곡'을 치유하는 데는 한계를 보인다. 이해/관점/견해를 이성과 논리의 힘으로 교정하는 것은, '마음에 의한 존재와 세계의 왜곡과 오염'을 치유하기 위한 선행적, 필수적 조건이다. 그러나 이성/논리에 의한 이해/관점/견해의 교정만으로는 마음 치유가 어렵다. '이해/관점/견해의 교정에 의한 실존치유'의 이러한 한계를 보완하려면, '마음에 의한 세계 왜곡의 치유'에 적합한 새로운 방법이 요구된다. 이성/논리의 방식과는 다른 새로운 치유방식이 필요하다. 이성/논리에 의한 이해/관점/견해의 치유와는 구별되면서, '마음에 의한 존재와 세계의 왜곡/오염'을 치유하는 방법으로서 붓다가 제시하는

것이, 정념(正念)을 핵심으로 하는 정학(定學)(이후 '정념/정학'이라 칭한다)이다.[39]

　　인간은 잘못된 '이해/관점/견해'로 세계를 왜곡할 뿐만 아니라, '마음'으로도 비틀고 오염시키고 있다. 지각/인식/욕구의 대상을 해석하고 가공하는 마음의 문법적 방식이자 그 범주/계열/체제를 '마음'이라 한다면, 통상의 마음은, 실체관념에 의거하여 존재와 세계를 왜곡하고 오염시키는 '존재환각의 매트릭스'로서 작용한다. 따라서 '마음에 의한 존재와 세계 왜곡'을 치유하려면, 그 마음이라는 '존재환각의 문법'에서 통째로 빠져나와야 한다. 존재환각의 매트릭스로 작용하는 마음의 범주/계열/체제 안에 속해 있는 한, 제아무리 정교하고 화려할지라도 그 마음 문법에 의한 세계 번역물은 실재의 왜곡이고 오염이며 일탈이다. 실체라는 존재 환각을 전제로 직조된 마음 문법 속에서 세계를 읽어 내는 한, 생각/감정/인식/욕구/행동/판단/선택 등과 연관된 모든 경험은 실재 왜곡과 오염의 다채로운 버전이다. '마음에 의한 왜곡'은 '마음속'에서는 그쳐지지 않는다. 존재환각을 조건으로 형성된 마음 문법/범주/체제/틀을 '붙들어 의존하고' '따라 들어가 안기고', 그 마음 계열에 '빠져들고' '휘말려드는' 관성(업력)에 지배받는 한, 세계에 대한 실재 왜곡과 오염 및 그 후유증은 필연적이다.

---

39 이에 관한 구체적 논의는 필자의 「정념의 의미에 관한 고찰」(『철학논총』제 41집 3권, 새한철학회, 2005)/『정념과 화두』(UUP, 2005)에 있다. 이후의 탐구를 통해 붓다의 정념 수행에 관한 이전의 논의에 추가로 보완하고 싶은 내용이 생겼는데, 적절한 기회에 피력할 것이다.

세계와 관계할 때 환각으로 일그러지지 않은 실재와 대면하려면, 존재와 세계를 왜곡시키는 문법으로 작용하는 마음에 '빠져들지 않는 국면' '그 마음을 붙들지 않는 국면' '그 마음 흐름에 휘말려들지 않는 국면' '그 마음 계열 전체에서 빠져나오는 국면'을 포착하여 확보해야 한다. 존재환각을 조건으로 형성된 '실재 왜곡의 마음'에 지배받지 않으려면, 그 마음의 범주와 계열에서 '통째로 빠져나온' 자리를 확보해야 한다. 존재환각을 조건 삼아 형성된 마음의 범주/계열/문법 안에서 마음의 환각/왜곡 작용과 오염을 수습하려는 시도는, '차츰차츰/점차로/차례대로/단계적'이라 할 수 있는 개량적 개선이다(漸). 그것은 마음의 환각적 전제가 보존된 채 성취되는 향상이라는 점에서, 아무리 수준 높은 것일지라도 여전히 실재 왜곡과 오염의 범주 안에 놓여 있다. 반면, 그 마음의 범주/계열/체계/문법 전체에서 탈출하는 국면은, '단박에/몰록/단번에/한꺼번에/갑자기'라 할 수 있는 '통째로 빠져나옴'이다(頓). 이 통째적 국면전환과 자리바꿈은 실재를 왜곡/오염하는 마음의 전제인 존재환각 자체를 무효화시키는 것이므로, 마음의 비연속적 전환국면이고, 범주 이탈적 자리바꿈이며, 마음 범주의 통째적 전의(轉依)로서, 정학(定學)적 돈오라 부를 수 있다.

제8장 돈오의 두 유형과 선종의 반조返照

돈오에는 두 유형, 즉 '이해/관점/견해 범주의 통째적 전의'인 정견/혜학적 돈오와 '마음 범주의 통째적 전의'인 정념/정학적 돈오가 있다는 관점이 타당하다면, 돈오견성을 사상과 수행의 정체성으로 삼고 있는 선종(禪宗)은 어떤 유형의 돈오를 천명하는 것일까? 두 가지를 다 포함하는 것인가, 아니면 어느 하나를 지칭하는 것인가? 선종 내 견해들의 스펙트럼이 다양하긴 하지만, 혜능(慧能, 638-713) 이하의 남종선을 정통계보로 간주하는 선문 전통에 국한해 본다면, 선종 선문(禪門)은 정학적 돈오에 시선을 집중하고 있다고 생각한다. 이러한 관점은 기존의 통설적 견해와는 다를 것이다. 기존의 선학(禪學) 연구에서는 돈오를 정견/혜학적 맥락에서 이해하는 경향이 일반적이다. 돈오의 두 유형을 식별하는 관점이 없었을 뿐 아니라, 정견/혜학적 돈오가 지식/이성/논리로써 파악하기 쉽다는 점이, 이러한 경향의 원인으로 보인다. 그러나 이러한 관점은 불충분할 뿐 아니라 선종 선사상의 핵심 생명력을 놓칠 수 있다.

선종은 분명 정학에서 활로를 찾는 전통이다. 중국에서 등장한 선종의 정학과 초기불교 내지 인도불교 정학의 차이를 아무리 애써 설정할지라도, 선종 선문은 불교수행의 보편적 구조인 삼학 가운데 정학 전통의 계승으로 보는 것이 적절하다.[40] 선종의 이러한 기본 성격만 감안하더라도, 선문의 돈오를 반야공 사상에 의거하여 무아정견(無我正見)의 맥락에서 파악하는 것은 초점이 맞지 않는다. 주로 논리적/이지적 이해와 직관에 의존하는 반야/중관적 공 사상은, 팔정도 무아정견에 대한 나름의 계승으로서 혜학계열이라 할 수 있다. 그러나 선종 선문은 명백히 정학계열의 계승이며, 필자의 돈오 유형 구분론에 따른다면, '이해/관점/견해 범주의 통째적 전의'인 혜학적 돈오보다는 '마음 범주의 통째적 전의'인 정학적 돈오를 과제로 삼아 집중하고 있는 것으로 보아야 한다. 따라서 선종 돈오의 교학적 배경은, 반야/중관적 공 사상 계열보다는 유식(唯識)/심학(心學)적 공 사상 계열에서 파악하는 것이 적절하다. 실제로 돈오에 관한 선종의 언어들, 특히 돈오와 반조(返照)의 관계에 대한 선문의 언어를 음미해 보면, 이러한 관점의 타당성에 무게를 더하게 된다.

남종선이 그 정체성의 토대로 삼고 있는 혜능[41]은, 돈오견성의

---

40 선종의 禪사상과 불교전통의 定學을 불연속으로 차별화시키려는 기존의 관점들에는, 불충분한 음미에 따른 과장이나 억지, 오해가 꽤 누적되어 있다는 것이 필자의 소견이다. 禪宗 禪門의 언어는 생각보다 훨씬 붓다의 정학을 충실히 계승하고 있다고 본다. 달리 말해 선종 선문의 언어는 상좌부를 비롯한 다른 불교전통에서 놓치고 있는 붓다 정학의 奧義와 생명력을 드러내 주는 측면이 있다고 생각한다. 물론 선종 선문의 언어와 그에 대한 기존의 이해들이 모두 이런 기여를 할 수 있는 것은 아니다. 이와 관련된 견해와 논의는 이 글의 대상이 아니므로 더 이상의 언급을 피한다.

41 혜능의 설법을 전하는 『육조단경』의 형성에는 그의 제자 신회의 적극적 개입이 있었을 것으로 추정하는 것이 통설이지만, 구체적으로 『단경』의 어떤 내용이 혜능의 육성이고 어떤 내용이 신회 내지 후학들의 참여인지를 확정

구체적 방법을 관(觀) 혹은 관조(觀照)라는 말에 담아 설하고 있다. 그리고 선종 돈오견성법의 핵심을 담은 '반조(返照)' 혹은 '회광반조(廻光返照)'는 바로 혜능의 관조(觀照) 수행을 계승한 것이며, 간화선 역시 혜능의 관조를 회광반조로써 계승하면서 그것을 화두 의심으로 연결시키고 있다. '관조(觀照)/반조(返照)/회광반조(廻光返照)'는 정학적 돈오 국면을 여는 수행의 핵심을 담고 있는 용어다.[42] 돈오 유형구분론이나 '돈오와 반조'의 문제는, 돈점 논쟁을 처리할 수 있는 방법론의 기초가 된다. 필자가 돈오 유형구분론을 제시하는 것도 돈점 논쟁의 새로운 독법 구성을 겨냥하는 것이다. 그런 점에서 '돈오와 반조'의 문제를 지눌의 경우를 통해 음미해 보자. 지눌은 돈오와 반조의 관계를 다음과 같이 정리하고 있다.

"단박에 깨달음[頓悟]이란, 범부가 미혹할 때는 네 가지 물질적 요소(四大)를 몸이라 하고 망상(妄想)을 마음이라 하기에 자기의 본래 모습(自性)이 참된 진리의 몸(法身)인 줄 모르며 자기의 신령스러운 앎[靈知]이 참된 부처인 줄 몰라 마음 밖으로 부처를 찾아 이리저리 달리다가, 문득 선지식의 가리켜 보임을 만나 길에 들어 한 생각에 마음의 시선(光明)을 돌려[一念廻光] 자신의 본래 모습을 보면, 이 본래 모습 자리에는 원래 번뇌가 없고 '흠결 없는 지혜 성품(無漏智性)'이 본래 스스로 갖추어져 있어

하기는 어렵다. 다만 비록 돈황본 『단경』조차도 고스란히 혜능의 육성이라 볼 수는 없지만, 혜능 사상의 핵심 면모가 신회에 의해 왜곡된 부분보다는 신회를 통해 전승되는 부분이 더 많을 것으로 본다. 그가 덮어쓴 '知解宗師'라는 판결도 그 경위와 배경들을 충분히 숙고해야 제대로 평가할 수 있을 것이다. 신회에 대해서는 '지해종사'라는 부정적 선입견에 갇히지 않는 열린 탐구와 평가가 필요해 보인다.

42 구체적 논의는 필자의 「돈오의 대상 小考」(『철학논총』 제54집 4권, 새한철학회, 2008)/「화두를 참구하면 왜 돈오견성하는가?」(『철학논총』 제58집 4권, 새한철학회, 2009)를 참고할 수 있다.

서 곧 모든 부처님과 조금도 다르지 않으니, 그러므로 '단박에 깨달았다
(頓悟)'고 한다."**43**

돈오에 관한 지눌의 정의(定義)는 그의 저술 곳곳에서 문맥에
따라 다양한 형태로 나타난다. 그중에서 이 구절은 돈오에 관한 지
눌의 관점을 나타내는 대표적 유형으로 취급되고 있다. 지눌 돈오사
상의 전모에 접근하기 위해서는, 돈오와 관련된 모든 문구들을 그
맥락에 따라 의미를 추출한 후 종합하는 과정이 필요하다. 그러나
위의 문구가 지눌 돈오사상의 핵심, 특히 돈오에 대한 선종 선문적
시선의 요점을 적절히 담고 있다는 점에서, 그 대표성을 인정해도
될 것으로 보인다.

이 구절이 제시하고 있는 돈오의 정의는, 앞서 논의한 정학적
돈오를 선종 선문(禪門)의 방식으로 표현한 전형으로 보인다. 정학적
돈오의 의미에 맞추어 이 구절을 음미하면 다음과 같이 될 것이다.

o "범부가 미혹할 때는 네 가지 물질적 요소(四大)를 몸이라 하고 망상을
   마음이라 하기에" – 범부들은 존재환각인 물질/정신적 실체를 전제로
   하는 마음 문법으로 물질/정신적 세계를 읽어내기에
o "자기의 본래 모습(自性)이 참된 진리의 몸(法身)인 줄 모르며 자기의
   신령스러운 앎[靈知]이 참된 부처인줄 몰라" – 존재환각으로 분별하
   는 마음 문법에서 빠져나온 자리에서 작용하는 앎이 곧 진실/실재와
   온전하게 만나는 고향 자리임을 몰라

---

43 "頓悟者 凡夫迷時 四大爲身 妄想爲心 不知自性是眞法身 不知自己靈知是眞佛
心外覓佛 波波浪走 忽被善知識 指示入路 一念廻光 見自本性 而此性地 元無
煩惱 無漏智性 本自具足 卽與諸佛 分毫不殊 故云頓悟也"(『修心訣』, 한국불
교전서4-709c).

o "마음 밖으로 부처를 찾아 이리저리 달리다가" — 환각적으로 분별하는 마음 범주/계열/체제 안에서 대상 의존적으로 진리를 구하다가

o "문득 선지식의 가리켜 보임을 만나 길에 들어 한 생각에 마음의 시선(光明)을 돌려[一念廻光] 자신의 본래 모습을 보면" — 분별하는 마음 문법/범주/계열/체제에서 탈출시키려는 선지식의 언어를 만나, 분별하는 마음 범주/계열/체제의 문 안으로 달려 들어가던 마음의 발길을 한 생각 사이에 문득 멈추고 방향을 돌려 문 밖으로 빠져나와, 분별문법에 휘말리지 않는 마음 국면/자리를 확보하면

o "이 본래 모습 자리에는 원래 번뇌가 없고 '흠결 없는 지혜 성품(無漏智性)'이 본래 스스로 갖추어져 있어서 곧 모든 부처님과 조금도 다르지 않으니" — 마음의 분별문법에 빠져들지 않는 자리는 더 이상 세계를 환각적으로 구성하지 않을 수 있는 국면으로서, 분별 환각의 토대와 전제 자체가 무효가 되므로 존재환각에 따른 번뇌 망상이 애초에 자리 잡지 못하고, 분별의 환각 없이 세계를 진실대로 보는 참된 능력이 고스란히 드러나 부처라 부르는 존재 고향에 안기니

o "그러므로 '단박에 깨달았다(頓悟)'고 한다." — 이 전의(轉依)의 자리바꿈은, 분별의 마음 범주 안에서 이동하고 변화하는 인과적 연속의 전체 계열에서 통째로/단박에 빠져나오는 불연속적 결별/탈출이므로, 분별의 마음 범주 안에서의 연속적/점차적 변화를 지칭하는 '점(漸)'이라는 말에 대비시켜 '돈오(頓悟)'라고 한다.

정학적 돈오의 의미를 감안할 때, 반조/회광반조는 '마음의 분별문법 문 안으로 달려 들어가던 마음의 발길을 한 생각 사이에(一念에) 문득 멈추고 방향을 돌려(返) 문 밖으로 빠져나간 국면/자리에서 대상을 보는(照)' 것이고, '분별문법 문 안으로 두던 마음의 시선을 한 생각 사이에 거두어 그 마음 시선의 방향(光)을 돌이키어(廻) 분별문법에 휘말리지 않으면서(返) 대상세계를 보는(照)' 것이다. 이런 의

미에서 '일념회광(一念廻光)'을 '한 생각에 마음의 시선(光明)을 돌려'
라고 번역해 보았다.

지눌의 돈오사상을 파악하려면 반조/회광반조에 대한 지눌의
관점을 반드시 그리고 충분히 반영해야 한다. 그의 돈오가 '분별 알
음알이 지해(知解)에 불과한 해오(解悟)인가, 분별 지해가 아닌 깨달
음 국면인가의 문제', '해오(解悟)/증오(證悟)/구경각(究竟覺)의 동이
(同異)와 내용 문제' 등을 판독해 가는 데에도, 반조/회광반조에 대한
지눌의 관점은 중요한 역할을 한다.

선종 및 지눌이 천명하는 돈오의 성격, 돈오와 반조의 관계 및
반조가 갖는 지위와 의미를 잘 보여 주는 구절 하나를 더 확인해 보
자. 이 구절은 반조와 깨달음, 반조와 언어 및 지적 이해(知解), 반조
와 돈오의 문제에 대한 지눌의 관점을 판독하는 데 중요한 정보를
전하고 있다.

"선문의 종사가 근기에 맞추는 가르침 가운데, 방편으로 근기가 낮은 사
람들을 위하여 비록 더러움을 따르는 마음 가운데의 청정한 깨달음의 성
품을 설명해 보이기도 하지만, 다만 배우는 이로 하여금 자성(自性)을 반
조하게 하는 것을 중요하게 여기지 이치 설명의 깊고 옅음을 귀하게 여
기지는 않는다. 만일 한 말씀 아래에 자성을 반조하여 단박에 언어적 이
해(言解)를 잊는다면, 곧 자기 마음의 거울 안에 시방세계의 의보(依報)
와 정보(正報)가 인연을 따라 일어나는 차별이 환하고 가지런하게 나타
나니, 법계의 걸림 없는 연기를 여기서 볼 수 있다. 우매한 자는 다만 원
교의 '막힘과 걸림이 없는 법계'를 표방하여 이르되, 〈참선하는 이가 논
하는 바는 『대승기신론』가운데의 '수염본각(隨染本覺)과 성정본각(性淨
本覺)'의 뜻에 불과하며 또 '진리의 성품은 언어적 분별을 여의었다'는 뜻
의 일부에 불과하다〉고 하니, 모두 언어적 가르침의 자취에 집착하고 막
히어, 옛 성현이 근기에 따라 베푼 가르침의 방대함과 소략함이 비록 다

르나 모두가 일심(一心)으로 돌아가는 것을 일러 주는 것일 뿐이라는 것을 알지 못하는 것이다. 만일 언어적 방편과 뜻의 분별을 단박에 잊고, 조용한 방에 고요히 앉아 가슴을 비우고 생각을 맑혀 자기의 마음을 반조하여 그 연원을 터득한다면, '지금 한 생각의 성품이 청정하고 묘한 마음'을 '더러움에 따르는 본래적 깨달음(隨染本覺)'이라고 해도 옳고, '성품이 청정한 본래적 깨달음(性淨本覺)'이라 해도 옳으며, '막힘이나 걸림이 없는 법계'라고 해도 옳고, '부동지불(不動智佛)'이라 해도 옳으며, '노사나불(盧舍那佛)'이라 해도 옳으니, 이치나 일, 나와 남 그 어느 것을 따라 들어도 방해가 없다. 그러므로 『대승기신론』의 '성품이 청정한 본래적 깨달음(性淨本覺)'을 현수대사가 터득하여 두 가지 작용과 세 가지 두루함의 근원이라 하였고, 돈교의 '언어적 분별을 여읨'을 의상대사가 증득하여 또한 '성품 바다 과위의 경지는 부처 지혜로 아는 경지'라고 하였음을 알아야 한다. 그러므로 근기가 작은 사람은 말에 따라 집착하여 [모든 것을] 다르게 보고, 깨달은 선비는 뜻을 터득하여 회통하여 [모든 것을] 같게 본다는 것을 알 수 있다. 하물며 오늘날 큰마음을 품은 범부가 선지식의 가르침을 만나 회광반조 할 수 있다면, 무시이래로 무명이 머무는 번뇌가 바로 모든 부처님들의 '두루 비추는 밝은 지혜(普光明智)'가 된다. 중생의 번뇌와 무명의 갖가지 허깨비 같은 변화가 모두, 여래의 '두루 비추는 밝은 지혜'가 생겨난 바에 따라 일어나기 때문이다. 바로 지금 반조하는 것이 온통 자신의 본연이요 본래 다른 것이 아니니, 마치 맑은 물이 물결을 일으킴에 물결이 온통 물이고, 꽃이 허공에 생겨남에 꽃이 온통 허공인 것과 같다. 원효가 〈고요히 비추면(寂照) 어둠(無明)이 모두 밝음(明)이니, 어찌 어리석음의 어두움을 없애어 지혜의 밝음을 얻겠는가?〉라고 말한 것이 이것이다. 이와 같이 자기 마음의 근본인 '두루 비추는 밝은 지혜'를 깨달으면, 이것을 〈처음 일으키는 마음이 온전하게 깨달은 부처다〉라고 일컫는다. 논에 이르되, 〈깨달음의 묘한 지혜로 두루 도장 쳐서 삿된 생각과 망령스런 행동이 스스로 생겨남이 없는 자리를 '온전한 깨달음'이라 부른다〉라고 하였다."[44]

반조/회광반조는 간화선 화두참구에도 고스란히 계승된다. 간화선은 반조/회광반조를 화두 의심 챙기는 국면으로 재구성하여 발전시켰다. '반조를 통한 돈오견성'이 '화두 의심을 통한 돈오견성'으로 전환되었지만, 그 내용은 경이롭게도 한 맛으로 통한다.[45] '화두 의심을 들어 회광자간(廻光自看)'하는 것을 화두 참구법의 핵심으로 간주하는 몽산(蒙山, 1231-1308?) 화상의 안목[46]은 그런 점에서 선문정학의 핵심을 잘 포착하고 있는 것으로 보인다.

---

44 "禪門宗師對機門中 權爲下根 雖有說示 隨染心中淸淨覺性 只令學者 返照自性 爲要 不貴說理深淺也 若一言下 返照自性 頓忘言解則自心鏡內 十界依正緣起 差別 煥然齊現 法界無礙緣起 於斯可見也 昧者徒揚圓敎無障礙法界曰 禪者所 論不過起信中 隨染生淨之義 亦不過一分理性離言絶相之義 皆是執滯言敎之 跡 不知先聖隨機設敎 廣略雖異無不指歸一心耳 若能頓忘言敎施設義理分別 密室靜坐 虛襟澄慮 返照自心 得其淵源 則將現今一念性淨妙心 作隨染本覺亦 得 作性淨本覺亦得 作無障礙法界亦得 作不動智佛亦得 作盧舍那佛亦得 卽理 卽事卽自卽他 隨擧無妨也 故知起信性淨本覺 賢首得之 則爲二用三遍之源 頓 敎離言絶相 湘師證之 則亦爲性海果分佛智所知之境 是知小根 如言執之則異 達士得意會之則同也 況今時大心凡夫 遇善友開示 能廻光返照 則曠劫已來無 明住地煩惱 便爲諸佛普光明智 以衆生煩惱無明種種幻化 皆從如來普光明智 之所生起故 今日返照全是自體 本非外物 如湛水生波 波全是水 花生空界 花全 是空 曉公所謂寂照無明無不明 詎滅癡闇得慧明是也 如是開悟自心根本普光 明智 則是謂初心正覺佛也 論云 以菩提妙智普印 邪思妄行 自無生處 名爲正覺 也"(『圓頓成佛論』, 한국불교전서4-729b-c).

45 이 문제에 대한 상세한 논의는 다른 기회로 미룬다. 이미 발표한 「화두를 참구하면 왜 돈오견성하는가?」(『철학논총』 제58집 4권, 새한철학회, 2009)/「간화선 화두간병론과 화두 의심의 의미」(『불교학연구』 제27호, 불교학연구회, 2010) 등도 이러한 관점에 입각하여 탐구한 것이긴 하지만, 반조와 화두 의심의 관계에 대해서는 충분히 다루지 않았다. 반조와 화두 의심의 상통성만을 별도로 다룰 필요가 있다.

46 "靈利者 先於公案檢點有正疑 却不急不緩 提話頭密密 廻光自看 則易得大悟身心安樂"/"於二六時中四威儀內 單單提箇無字密密 廻光自看"/"疑得盛却提撕他 是何誰廻光自看"/"仍要盡捨諸緣 於四威儀內二六時中 單單提箇話頭 廻光自看"/"廻光返照 徹法根源 謂之禪." 『蒙山和尙法語略錄諺解』 六種異本(서울: 아세아문화사, 1980), 深源寺版의 pp.158, 175, 188, 214, 273.

제9장 돈오 유형구분론과 돈점 논쟁

돈오는 두 유형으로 구분될 수 있으며, 선종의 돈오는 정학적 돈오에 해당하는 것으로 보는 관점이 타당하다면, 한국불교 최대 논쟁으로 간주되며 현재진행형 현안이기도 한 돈점(頓漸) 논쟁을 새롭게 읽을 수 있는 길이 열린다. 특히 지눌과 성철의 관점을 대립적으로 대비시키는 돈점론의 쟁점들을 새로운 관점에서 파악할 수 있다.

선(禪) 사상사에서 선종의 돈점론을 가장 체계적이고도 성공적으로 종합하여 깨달음과 닦음의 선불교적 모범 답안을 마련한 분으로 평가받던 분은 지눌이다. 그러나 성철은 오랫동안 한국 선불교의 표준 수행준칙으로 간주되어 온 지눌의 돈오점수(頓悟漸修)를 선문 정통의 배반이며 정법(正法)의 최대 장애물이라고 전면적으로 비판한다.

성철은 지눌이 말하는 돈오를 지해(知解)에 의한 깨달음, 즉 해오(解悟)로 규정한다. 그리고 지해는 분별 알음알이에 불과한 것이므로 해오 역시 분별 알음알이 범주를 벗어나지 못한다고 판정한다.

지해에 의거한 깨달음은 여전히 분별에서 풀려나지 못한 것이므로 향상을 위한 점차적 수행(漸修)을 요청할 수밖에 없고, 그러한 점수를 수반하는 돈오점수는 '교가(敎家)의 수행방법인 해오점수(解悟漸修)일 뿐'[47] 결코 선문(禪門)의 돈오 견성이라 할 수 없다는 것이다.

"大抵 解와 證은 상반된 입장에 있으니, 解는 始初요 證은 終極이다. 사량분별의 妄識 중에서 性相을 명백히 了解하는 佛法知見을 解悟라 하고, 妄識이 永滅하여 知見이 蕩盡되어 究竟의 玄極處에 도달함을 證悟라 한다. 이 證悟를 敎家에서는 각종으로 분류하나 선문의 證悟는 圓證뿐이다. 교가에서는 信·解·修·證의 원칙 하에 해오에서 始發하여 三賢 十聖의 諸位를 經歷修行하여 終極인 증오 즉 妙覺에 漸入한다. 그러나 선문의 悟인 見性은 現證圓通한 究竟覺이므로, 分證과 解悟를 부정하고 三賢 十聖을 초월하여 무여열반의 無心地인 證悟에 直入함을 철칙으로 하니 이것이 선문에서 高唱하는 一超直入如來地이다. 따라서 諸聖의 分證도 微細知解에 속하여 견성이 아니다. 그뿐만 아니라 추호의 知解가 잔류하여도 證悟치 못하고 일체의 知見解會가 철저 탕진되어야 견성하게 되므로 分證과 解悟를 修道上의 一大障碍 즉 解碍라 하여 절대 배제하는 바이다. 이것이 禪敎의 상반된 입장이며 선문의 특징인 동시에 명맥이니, 玉石을 혼동하여 後學을 의혹하게 하면 佛祖의 慧命을 단절하는 중대과오를 범하게 된다."[48]

"頓悟漸修를 내용으로 하는 解悟인 圓頓信解가 禪門 최대의 禁忌인 知解임을 明知하였으면 이를 완전히 포기함이 당연한 귀결이다. 그러므로 『禪門正路』의 本分宗師들은 추호의 知解도 이를 佛祖의 慧命을 단절하는 邪知惡解라 하여 철저히 배격할 뿐 一言半句도 知解를 권장하지 않았다.

---

47 성철, 앞의 책, p.154.
48 같은 책, pp.28-29.

그러나 普照는 圭峯의 解悟思想을 知解라고 비판하면서도 『節要』, 『圓頓成佛論』 등에서 解悟思想을 연연하여 버리지 못하고 항상 이를 고취하였다. 그러니 普照는 만년에 圓頓解悟가 禪門이 아님을 분명히 하였으나, 시종 圓頓思想을 고수하였으니, 普照는 禪門의 표적인 直旨單傳의 本分宗師가 아니요, 그 思想의 主體는 華嚴禪이다."[49]

성철에 의하면, 해오나 지해는 진여에 대한 지적 이해의 범주를 벗어나지 못한다. 경론학습 등 광학다문(廣學多聞)으로는 해오나 지해를 벗어나지 못한다. '불법은 다문총지(多聞聰智)인 해오에 있지 않고 견성에 있다'는 것이다. 그러므로 언어문자의 다문지해인 해오에 현혹되지 말고 오직 화두공안을 참구하여 활연누진(豁然漏盡)의 원증견성(圓證見性)으로 나아가야 한다. 해오점수는 지해에 얽혀 있는 것인데, 하택/규봉/보조는 해오를 설하므로 지해종가(知解宗家)라는 것이다. 보조의 경우, 『결사문』이나 『수심결』에서 돈오점수를 역설하다가, 『절요』에서는 하택과 규봉을 지해종도라 규정하며 돈오점수를 의언생해(依言生解)하는 지해요 교가라 하면서 선문의 간화경절문(徑截門)을 천명하는 사상 전환을 보이고 있지만, 『절요』/『원돈성불론』 등에서 여전히 원돈해오(圓頓解悟)사상에 연연하고 있으므로, 보조는 선문의 본분종사가 아니고 화엄선을 그의 사상의 주체라 보아야 한다는 것이 성철의 지눌 평가이며 돈오점수 비판의 요점이다.[50]

결국 지눌의 돈오점수에 대한 성철의 비판은 해오(解悟)에 집중되어 있다. 해오를 지해라고 간주하는 성철은, 그 논거를 '지눌의 돈

---

49 같은 책, p.209.
50 같은 책, pp.192-193, 198-209, 217-220.

오는 해오이고, 그 해오는 화엄의 원돈신해 관법을 그 내용으로 삼고 있다'는 데에서 확보하고 있다. 그런데 지눌에 대한 성철의 비판에 이견을 제시하며 지눌의 돈오점수를 높게 평가하는 연구자들은, 일반적으로 해오와 지해의 차이를 강조한다. 성철은 '해오가 곧 지해여서 모두가 분별알음알이 장애일 뿐'이라 파악하는 데 비해, 해오와 지해의 차이를 주장하는 입장은 '해오와 지해는 같은 의미맥락 안에 있긴 하지만 그 내용상의 수준이나 차원은 같지 않으며, 해오는 지해 이상의 것'이라고 구별하는 것이다.

그러나 해오와 지해를 다른 것으로 파악하는 경우라도, 해오의 기본성격이 '지적 이해'에 있다는 전제는 공유하고 있으므로, 기존의 관점들은 해오(解悟)/해애(解碍)/지해(知解)를 모두 '지적인 이해로서의 해(解)'라는 의미범주 안에서 파악한다. 따라서 해오는 지해적 요소에서 자유롭지 못하여 '지적 이해로 인한 한계와 장애(解碍)'를 안고 있다는 관점은, 성철뿐만 아니라 돈점 담론 연구자 대부분이 공유하고 있다. 동시에, '지눌의 돈오는 화엄 원돈신해를 그 내용으로 삼고 있으며, 그의 돈오/해오는 화엄의 성기론적 이해를 담기 위한 것 혹은 그 결과'라는 관점을 널리 공유하고 있다. 따라서 지눌의 돈오/해오를 화엄의 원돈신해와 등치시킨다는 점에서는, 성철은 물론 대다수 지눌 연구자들의 견해가 일치한다.

앞서 지적한 것처럼, 이런 논의구조 속에서라면 논리적 설득력은 성철의 주장 쪽으로 기운다. 지눌은 돈오/해오를 화엄 원돈의 언어로써 설명하고 있는 동시에, 화엄 원돈신해의 문제점으로 '지해/해애'를 거론하면서 간화선을 그 해법으로 제시하기 때문이다. 또한 화엄 원돈관법이 지닌 해애의 덫을 거론하면서도, 원돈신해의 수행론적 가치와 역할을 인정하여 그것을 선문에 수용하고 있는 태도도

확인된다.[51] 따라서 화엄 원돈신해만으로 지눌의 돈오점수나 선교일
치를 파악하는 한, 지눌이 해애에 걸리는 지해를 선문의 견성법에
끌어들이고 있다는 성철의 비판에 논리적으로 항변하기가 어렵다.

　지눌이 돈오점수의 돈오를 '해오'라는 말로 지칭하여 '증오'와
구별하고 있고, 또 화엄의 성기적 원돈신해를 돈오/해오에 배대시
켜 보는 시도를 하고 있는 것은 분명하다. 그러나 지눌이 설하는 돈
오의 내용을 성기적 원돈신해만으로 채워 파악하는 것은 불충분하
다. 화엄학의 성기사상에 의거한 원돈신해의 해오는 지눌의 돈오를
구성하고 설명하는 중요한 요소이기는 하지만, 돈오의 내용 전체는
아니다. 화엄적 해오는 지눌 돈오사상의 필요조건이기는 하지만 충
분조건은 아니다.

　이러한 관점을 논증하려면, 성기적 원돈신해가 왜 돈오에 상응
할 수 있는지, 그리고 그러한 화엄적 해오로서의 돈오는 어떤 성격
의 돈오인지를 음미해야 한다. 또한 성철은, 지눌이 돈오에 상응시
키고 있는 화엄적 돈오/해오를 왜 분별 알음알이로서의 지적 이해
(知解)에 불과하다고 판정하여 비판하는지, 그 까닭이 포착되어야
한다. 지눌과 성철은 모두 화엄 원돈신해에는 지적 이해의 한계와
장애(解碍)가 있다고 말한다. 그러나 화엄 원돈신해의 깨달음을 지
적 이해의 덫에 걸린 해오(解悟)에 불과한 것이라 말할 수 있는 이유
가 무엇인지, 또 선문의 돈오를 해애(解碍)에서 벗어난 깨달음이라
할 수 있는 근거는 무엇인지에 대해서, 두 사람 모두 충분한 설명을
하지 않고 있다.

---

51 "禪門中 此等圓頓信解 如實言教 如河沙數 謂之死句 以令人生解礙故 竝是爲
　初心學者 於徑截門活句 未能參詳故 示以稱性圓談 令其信解不退轉故"(『看話
　決疑論』, 한국불교전서4-733a).

돈오를 '이해/관점/견해 범주의 통째적 전의'인 혜학적 돈오와 '마음 범주의 통째적 전의'인 정학적 돈오의 두 유형으로 구분해 보는 유형구분론, 그리고 선종이 돈오견성의 방법으로 설하는 반조/회광반조의 의미에 대한 이상의 논의는, 돈점 논쟁의 새로운 독법을 구성하는 조건이 될 수 있다. 특히 화엄적 돈오가 왜 지적 이해의 한계와 장애(解碍)를 지니는 해오(解悟)인지를 설명할 수 있는 동시에, 지눌의 돈오를 '화엄의 원돈신해적 해오'에 국한시키지 않을 수 있는 길을 열어, 지눌의 돈오점수 사상에 대한 새로운 접근을 가능하게 할 수 있다.

제10장 돈오 유형구분론과 정혜쌍수定慧双修
그리고 지관止觀

　　돈오를 혜학적 돈오와 정학적 돈오로 구분해 보는 관점은, 수증론(修證論)과 관련된 선종의 또 하나의 중요한 주제인 '정(定)과 혜(慧)의 관계를 어떻게 볼 것인가?'의 문제와도 맞닿아 있다. 혜능 이래 남종선은 정혜쌍수(定慧双修)를 표방해 오고 있는데, '돈오 유형구분론은 정혜쌍수의 논리와 어떻게 결합될 수 있는가?' 하는 문제가 제기될 수 있다.

　　정혜와 돈오의 문제는 상호 내밀하게 얽혀 있는 것이지만, 동시에 그 맥락과 범주를 달리하는 부분도 있다. 따라서 '정'과 '혜'를 각각 정학적 돈오와 혜학적 돈오로 등치시켜 파악하거나 논의하는 것은 무리다. 계/정/혜 삼학(三學)의 맥락과 돈오의 문제 맥락 및 그 범주들을 세밀하게 식별하면서 다루어야 할 필요가 있다.

　　또한 정혜와 일치하는 것만은 아닌, 그러나 정혜의 문제와 분리하여 생각할 수 없는 또 하나의 문제로서, 지(止, samatha)와 관(觀, vipassanā)의 문제가 있다. 선종 선문이 천명하고 있는 돈오나 정혜의 문제는 사실상 지관의 문제와 내밀하게 얽혀 있다. 돈오와 정혜

그리고 지관은 같은 맥락이나 범주의 문제로 처리할 수도 없지만, 그렇다고 별개의 문제로 분리시킬 수도 없는, 특수한 친연관계에 놓여 있다. 그런 만큼 이들 문제의 개별적 혹은 결합적 탐구는 매우 세밀하게 진행되어야 한다.

니까야/아함은 해탈수행의 두 핵심 축으로서 사마타(samatha, 止)와 위빠사나(vipassanā, 觀)를 천명하고 있는데, 돈오/정혜/지관의 의미와 상호 연관을 탐구하려면 근원적으로 사마타와 위빠사나에 대한 탐구가 선행되어야 한다. 그런데 니까야에서 천명하는 사마타와 위빠사나에 대한, 아비담마 전통의 니까야 주석서들이나 『청정도론』의 관점 및, 이 주석서들과 『청정도론』에 의거하는 현행 상좌부의 사마타/위빠사나 이해는, 압도적으로 위빠사나에 편향된 전통의 산물로 보인다. 그리하여 니까야에서 붓다가 설하는 사마타의 본의(本意)가, 위빠사나 편향의 아비담마적 시선에 과연 얼마나 온전하게 포착되고 있을지 의구심을 품게 된다.

위빠사나 전통의 주석서나 『청정도론』 및 아비담마 교학에서 제시하는 사마타 이해를 니까야 본래의 맥락과 비교하여 음미하면 할수록, 이러한 의구심은 상당한 근거를 확보하게 된다. 필자가 보기에, 현재 지배적으로 통용되는 『청정도론』 유(類)의 사마타 이해는 붓다가 설한 사마타의 본의에서 놓치고 있는 중요한 내용이 있다고 생각한다. 동시에 위빠사나에 대한 이해 역시, 과도한 위빠사나 편애와 편중으로 인한, 제자리 일탈이 있어 보인다.

사마타와 위빠사나에 대한 탐구는, 상좌부 아비담마 전통의 지배적 관점을 경청하기는 하되 과감하게 열어 놓고 자유롭게 진행해야 할 필요를 절감한다. 그리고 사마타/위빠사나의 본의와 제자리 복원 과정에서, 후기 대승불교의 교학과 선종 선문에서 축적된 통찰들은, 전적으로는 아니지만, 매우 요긴한 기여를 할 수 있다고 생각한다. 그러나 이러한 기여분을 포착하려면, 정과 혜의 의미와 상호관계를 설하는 선종 선문, 특히 혜능 이래의 남종선 전통의 언명들에 대한 학계의 탐구와 해석학적 서술들이, 원전 언어와 논리를 요령 있게 재조합하여 동어반복을 맴돌곤 하는 수준과 피상적 회통논리에서 탈피해야 할 필요가 있다. 그래야 지관의 의미탐구에 기여할 수 있는 선종 통찰의 내용을 유의미하게 포착할 수 있다.

제11장 티베트 돈점논쟁과 선禪 수행 담론

선종 선문의 돈오견성 사상을 정점으로 하는 동아시아 돈오(頓悟) 담론의 출발을 도생(竺道生, 약 372-434)에서 찾는 동시에, 인도불교의 전통을 차제(次第)적 점문(漸門)으로 규정하여, 돈오사상과 인도불교 전통을 불연속 관계로 간주하는 것이 학계의 통설로 보인다. 인도 대승불교 전통, 구체적으로는 공성(空性)에 대한 이해적 관찰을 선 수행의 중심축으로 삼는 유가행중관파(瑜伽行中觀派)의 시선과 중국 선종의 시선이 충돌한 티베트 돈점 논쟁의 의미도 그러한 맥락에서 이해되곤 한다. 그러나 필자의 견해는 다르다. 돈오사상은 이미 니까야/아함이 전하는 붓다의 통찰에서 그 원형이 제시되고 있으며, 동아시아 불교는 그 통찰을 '돈오 담론'을 통해 명확히 하였다고 생각한다. 따라서 불교사상 및 수행의 핵심을 돈오에서 포착하고자 하였던 동아시아 불교인들은 붓다 통찰의 핵심을 연속적으로 계승하고 있다고 본다.

8세기 말에 티베트에서 전개된 논쟁은, 수행과 깨달음에 대한 선종 돈오의 시선과 유가행중관파의 시선이 맞닥뜨려 각자의 관점을 논쟁적으로 피력한 격렬한 진리담론이다. 비록 뚜렷한 시선의 차이에 대한 상호이해의 소통에는 실패하고 있으나, 결코 소모적이거나 무의미한 논쟁은 아니다. 모든 논쟁을 보는 시선들처럼, 이 티베트 논쟁을 보는 시선들도 흔히 승패에 관심이 많다. 그러나 이 논쟁의 전말을 전하는 양측의 기록은 각자의 승리를 선언하고 있고, 어느 쪽의 기록이 타당한가를 판정하기도 어렵다. 생각하건대, 이 티베트 돈점담론은 애초부터 승패를 가릴 수 있는 논쟁이 아니었다. 논쟁 내용 자체가 옳음과 그름을 다툴 수 있는 것이 아니었기 때문이다. 이 논쟁의 핵심은 선(禪) 수행에 관한 '이해방식과 마음방식'의 차이 문제였다고 생각한다. 선종을 대변했던 마하연(摩訶衍) 화상 측은 마음방식의 선 수행을 돈오의 언어로써 개진하였고, 인도불교 전통을 대변했던 까말라씰라(Kamalaśīa, 蓮華戒, 740?-795?) 측은 이해방식의 선 수행을 유가행중관파의 시선으로 펼쳤다. 그러나 마하연 측은 이해방식과 마음방식의 차이를 식별하여 설명하지 못함으로써 마음방식인 돈오 행법을 상대방에게 이해시키는 데 실패하고 있고, 까말라씰라 측 역시 돈오 행법이 천명하는 마음방식의 선 수행을 이해하지 못하여 상대방의 견해를 제대로 파악하지 못함으로써 정확한 논점을 놓치고 있는 것으로 보인다.

티베트 논쟁은 선 수행의 두 방식을 확인하여 붓다 정학(定學)에 대한 이해를 한 차원 높일 수 있는 의미심장한 담론이었다. '승패를 가려야 하는 논쟁'이 아니라 '차이를 확인하고 융합해야 할 담론'이었다. 비록 양 진영이 자기 시선의 정학적 의미와 논쟁의 의의를 적절히 포착하지 못하여 상호이해와 소통에는 실패하고 있지만, 그들이 개진해 놓은 각자의 시선은 결과적으로 '선 수행의 두 방식에 대한 식별과 융합'을 가능케 하는 유익한 자료가 된다. 티베트 논쟁을 우열승패의 관심으로 읽으면 그 의의와 가치가 왜곡되고 훼손된다. 이 논쟁적 담론의 쟁점에서 '이해방식과 마음방식'의 차이를 포착하는 것이, 돈점논쟁을 불교 내부의 획기적인 진리담론으로 대접하는 길일 것이다.

1. 티베트 논쟁의 쟁점

티베트 돈점담론에서 선종 선문의 돈오행법을 대변하고 있는 것은 마하연화상이고, 유가행중관파의 시선으로 돈오행법을 비판하는 인도불교 진영을 대표하고 있는 것은 까말라씰라이다. 마하연의 견해는 그의 속가 제자 왕석(王錫)이 마하연과 인도불교 측과의 대론을 정리한『돈오대승정리결(頓悟大乘政(正)理決)』[52]에서 확인할 수 있고, 까말라씰라의 견해는 대론이 계기가 되어 그가 저술한『수습차제(修習次第)』의 삼편(三篇) 중 특히 하편(下篇)에서 확인할 수 있다.[53] 『돈오대승정리결』과『수습차제』하편에서 확인되는 쟁점은 크게 3가지 주제로 압축된다. 마하연이 설하는 '불사불관(不思不觀)의 간심법(看心法)'이 지닌 의미와 평가 문제, 선업(善業) 수습(修習)의 가치위상 문제, 육바라밀과 37도품 등의 위상 문제가 그것인데, 이들은 내용적으로 서로 연관되어 있다. 선업(善業)의 수습 문제나 육

---

52 『大藏經補編』35권(台北, 1986, pp.795-853). 한글번역본으로는『돈오대승
정리결』(김치온 역주, 은정불교문화진흥원, 2010)이 있다.
53 한글번역으로는『까말라씰라의 수습차제 연구 ― 쌈예의 논쟁 연구』(중암,
불교시대사, 2006)가 있다. 마하연이 펼친 선종의 돈오 행법(頓門)에 대한 까
말라씰라를 비롯한 티베트불교 유가행중관파 승려들의 시선과 비판들을 풍
부하게 소개하여 티베트 돈점논쟁의 핵심과 전말을 파악하는 데 유익하다.

바라밀과 37도품 수행의 지위 문제는 '불사불관의 간심 돈오법' 문제에 수반되어 있다.

마하연 측 돈문 주장의 핵심이자, 까말라씰라를 위시한 인도불교 측의 비판이 집중하고 있는 주제는, '불사불관(不思不觀)의 간심법(看心法)'이다. 티베트 돈점논쟁은 사실상 '불사불관의 간심법'을 둘러싼 이해의 충돌과정이다. 마하연이 천명한 '불사불관의 간심법' 관련내용을 모아 보면 다음과 같다.

> "묻는다. 무엇을 '마음을 보는 것'[看心]이라 하는가? 답한다. 마음의 본원을 돌이켜 비추는 것이니, 마음의 상(想)이 움직이면 그 마음을 보아 있음(有)과 없음(無), 깨끗함(淨)과 깨끗하지 못함(不淨), 공(空)함과 공하지 않음(不空) 등(의 개념적 분별)을 모두 헤아리지 않으며, 관(觀)하지 않는다는 것도 헤아리지 않는다."[54]

> "묻는다. '일체의 상(想)'이라 한 것은 그 상(想)이 무슨 뜻인가? 답한다. 상(想)이란 마음의 생각이 일어나 움직여 바깥 대상을 취하는 것이다."[55]

> "묻는다. 상(想)에는 어떠한 허물이 있는가? 답한다. 상(想)의 허물이란 것은, 중생 본래의 일체 지혜를 장애하여 삼악도(三惡道)에 오랫동안 윤회하게 하는 것이니, 이러한 허물이 있다."[56]

---

54 왕석(王錫), 『돈오대승정리결(頓悟大乘政(正)理決』(『大藏經補編』 35권, 台北, 1986), p.821. "舊問. 云何看心? 答. 返照心源, 看心心想若動, 有無淨不淨空不空等 盡皆不思, 不觀者亦不思."

55 같은 책, p.820. "舊問. 言一切想者 其想云何? 答. 想者心念起動, 及取外境."

56 같은 책, p.821. "舊問. 想有何過? 答. 想過者 能障衆生本來一切智 及三惡道久遠輪迴故, 有此過."

"묻는다. 어떤 방편을 써서 망상과 습기를 제거할 수 있는가? 답한다. 망상이 일어나는 걸 깨닫지 못하는 것을 생사(生死)라고 부른다. 깨달으면 마침내 '망상을 따라가 업을 짓는 것'을 하지 않는다. (망상을) 붙들지도 (망상에) 머무르지도 않아, 생각마다 바로 해탈반야이다."[57]

"묻는다. 만약에 상(想)을 여의어 (想을) 헤아리지도 않고 관(觀)하지도 않는다면, 어떻게 모든 지혜(一切種智)를 얻는가? 답한다. 만약에 망령된 마음을 일으키지 않아 일체의 망상을 여의면, 본래의 참된 성품과 일체의 지혜가 자연히 드러난다."[58]

"묻는다. 육바라밀 등 모든 법문은 필요한가, 필요하지 않은가? 답한다. 만일 세속제(世諦)의 법으로라면 육바라밀 등은 방편이 되니, 승의(勝義)를 드러내기 때문에 필요하지 않은 것이 아니다. 만일 승의(勝義)의 〈언설(言說)을 여읜 것〉으로라면, 육바라밀과 모든 법문은 필요와 불필요를 말할 수가 없다."[59]

마하연 화상이 설하는 '불사불관의 간심 행법'은 선종 돈오행법의 핵심을 잘 요약하고 있다. 그 의미는 이렇게 풀어 볼 수 있을 것이다.

〈대상에 대한 인간의 지각경험은 '있음(有)과 없음(無), 깨끗함(淨)과 깨

---

57 같은 책, p.821. 舊問. 作何方便 除得妄想及以習氣? 答. 妄想起不覺, 名生死. 覺竟不隨妄想作業. 不取不住, 念念卽是解脫般若."
58 같은 책, p.824. "舊問. 若離想不思不觀, 云何得一切種智? 答. 若妄心不起,, 離一切妄想者, 眞性本有 及一切種智, 自然顯現."
59 같은 책, p.822. "舊問. 六波羅蜜等 及諸法門, 要不要? 答. 如世諦法, 六波羅蜜等爲方便, 顯勝義故, 非是不要. 如勝義離言說, 六波羅蜜及諸法門, 不可說言要與不要."

끗하지 못함(不淨), 공(空)함과 공하지 않음(不空)' 등 다채로운 존재론적/가치론적 개념다발이다. '대상(境界)'이라는 것 자체가 인간에게는 이미 개념적 구성의 산물이다. 마음 시선이 이미 개념으로 착색된 대상들을 향해 나아가 그 개념적 대상들을 붙들고 거기에 다시 개념적 이해와 분석, 비교와 판단 등의 인식적 구성을 추가한 것이 상(想)이며, 이 '상(想) 계열의 마음작용'이 망상이다. 마음 능력이 행하는 이 상(想)의 망상 작용을, 마음 스스로가 '보게 되면/알아차리면', 더 이상 망상을 '붙들고 따라가고 머무는' 일을 그치는 국면이 열린다. 그럴 때 개념에 착색된 대상을 거듭 개념으로 가공하던 상(想) 놀음에 휘말리지 않는 마음자리/마음지평이 확보되어, 개념들의 환각적 분별에서 풀려날 수 있는 '마음의 조건'이 확보된다. 마치 괄호 치고 빠져나와 괄호 범주 안을 보듯이, 마음 시선이 상(想) 계열로 빠져드는 것을 '보는/알아차리는' 마음국면/마음자리를 챙겨 가면, 그러한 생각(마음 시선의 행로를 알아차림) 생각마다 개념적 분별 환각에서 풀려날 수 있다(念念即是解脫). 이것이 선종의 '마음보기(看心)' 수행법이다. 그리고 이 간심 국면은 세속제로부터 승의제로의 지평/계열/범주적 전이(轉移), 즉 돈(頓)이다.〉

불사불관(不思不觀)은 '사유와 인식작용의 정지나 폐기'가 아니라 '사유나 인식의 지평/계열/범주/문법으로부터의 전이(轉移)'를 지시하는 용어로 보는 것이 적절하다. 그러나 이 '불사불관'이라는 용어에 대한 까말라씰라 내지 유가행중관파의 이해와 해석은 전혀 다르다. 필자가 보기에, 그들의 시선은 과도할 정도의 해석학적 오해로 점철되어 있다. 마하연이 설하는 선종의 간심(看心) 행법을 전혀 이해하지 못하고 있는 것으로 보인다. 이상하게 여겨질 정도로.

마하연의 '불사불관의 간심'에 대해 까말라씰라는 다음과 같이 비판한다.

"어떤 자(중국의 마하연 화상)는 말하길, 〈마음의 분별로 야기한 선과 불선의 업력에 의해서 모든 유정들이 인천 등의 업과를 받으면서 윤회에 생사한다. 만약 어떤 이들이 (일체를) 전혀 사유하지 않고, (일체를) 전혀 행하지 않는다면, 그들은 윤회에서 해탈하게 된다. 그러므로 (일체를) 전혀 사유하지 말며, 보시 등의 선행도 행하지 말라. 보시 등의 행위는 단지 우둔한 자들을 위해서 설해진 것일 뿐이다〉라고 한다. 정녕 이렇게 생각하고 그렇게 말하는 것은 대승 전체를 말살하여 버리는 것이다. 그와 같이 《(일체를) 전혀 사유하지 말라〉고 하는 것은 여실한 관찰의 본성인 반야의 (觀慧를) 버리는 것이다. 여실지(如實智)의 근본은 여실한 관찰(사유)이므로, 그것을 버린다면 뿌리를 자르는 것이 되어서 출세간의 반야도 역시 버리게 되는 것이다. 또한 〈보시 등의 선행도 역시 행하지 말라〉고 하는 것 역시 보시 등의 방편을 아예 저버리는 것이다. 요약하면, 방편과 반야가 바로 대승인 것이다. … 그와 같이 여실한 관찰(사유)을 버린다면 그것은 (제법을 간택하는) 택법각지라고 부르는 청정한 보리분법을 또한 전적으로 버리는 것이다. 대체 유가사가 여실한 관찰(사유)을 행함이 없이 어떠한 방법으로 무시이래도 색 등의 물질에 집착하고 염습된 그 마음을 무분별성(無分別性)에 안치할 수 있겠는가? … 단지 그 정도로 무분별을 이루는 것이라면, 혼절도 역시 억념과 작의가 없는 것이므로 무분별성에 들어간다. 그러므로 여실한 관찰(사유)이 없이는 별도로 무념과 부작의를 이루는 방법이 없다. 설령 무념과 무작의를 이루었다고 할지라도 여실한 관찰(사유)이 없다면 제법의 무자성성에 어떻게 깨달아 들어갈 수 있겠는가? 설령 제법의 자성이 공성의 상태로 존재함을 이해할지라도, 여실한 관찰(사유) 그것이 없다면 제법의 공성을 또한 깨닫지 못한다. … 또한 그 유가사가 일체의 법을 기억하지 못하거나 혹은 어리석어서 억념과 작의를 행할 줄 모른다면, 그것은 실로 우치한 것이니 그러한 자가 어떻게 유가사가 될 수 있겠는가? (제법의 진실에 대한) 여실한 관찰(사유)을 진행함이 없이, 그와 같이 무념과 무작의만을 닦아 익히는 것은 단지 어리석음을 닦아 익히는 것이어서 청정한 지혜의 광명을 멀리 내던져 버리는 것이다. 만약 그가 기억을 상실한 것도 아니고 바보도 아니라면, 그때 여실한 관찰(사유)이 없이 어떻게 무념과 부작의를 능히 닦을 수 있겠는가? 만약 기억하고 있음에도 기억하지 않는다고 하거나, 보고 있음에도 또한 보지 않는다고 말하는 것은 바른 도리가 아니다. 또 무념과 부작의를 닦아 익힌다면 어떻게 과거세를 아는 숙명통 등과 여타의 불법들이 발생할 수 있겠는가? … 그러므로 불법에서 말하는 무념과 부작의의 발현도 또한 여실한 관찰(사유)이 선행하는 것임을 잘 살펴서 알도록 하라. 왜냐하면 여실한 관찰(사유)을 통해서 무념과 부작의를 능히 행할 수 있으며, 그 밖에 다른 방법이 없다. 유가사가 청정한 반야로 관찰해서 승의에 있어서 삼세에 걸쳐 제법의 생겨남을 전혀 보지 못하는 그때, 어찌 그것을 억념하고 작의하려고 하겠는가? 진실로 삼세도 없는 마당에 일찍이 경험한 바도 없는 그것을 어찌 억념하고 작의하려 할 것인가? … 그러므로 여실한 관찰(사유)이 없으면 청정한 지혜도 또한 발생하지 않으며, 번뇌의 장애도 또한 제멸하지 못하는 것이다."[60]

"그러므로 여실히 관찰(사유)토록 하라. 그것이 비록 분별의 체성이 될지라도 또한 여리작의(如理作意)의 본성이 되는 까닭에, 이로 말미암아 무분별지가 발생하는 것이다. 그러므로 이 무분별지를 얻고자 하면 반드시 여실한 관찰(사유)에 의지해야 한다."[61]

쫑카빠는 『람림첸모(菩提道次第廣論)』에서, 까말라씰라가 『수습차제』에서 밝힌 마하연 화상의 돈법에 대한 비판 등에 의거하여, 역시 다음과 같이 불사불관의 간심법을 비판한다.

"그(중국 화상)를 추종하는 일부는 이렇게 생각한다. 〈이아(二我)의 상

60 『수습차제』, 위의 책, pp.391-396.
61 같은 책, p.398.

제11장 티베트 돈점논쟁과 선 수행 담론

(相)을 취하는 그 대경(對境)을 허다히 관찰하고 나서 그 다음 그 능취(能取)의 마음을 끊는 것은, 마치 개가 돌의 뒤를 쫓는 것과 같이 희론을 바깥에서 끊는 것이며, 처음부터 그 마음이 분산하지 못하게 장악하는 것은, 투석하는 손을 무는 것과 같이 그것을 닦음으로써 (이아의) 상을 취하는 그 대경들로 마음이 유실하지 않는 것으로서 모든 희론을 안에서 끊는 것이다. 그러므로 정견을 결택하는 언교(言敎)와 정리(正理)를 학습하는 것은 단지 언설 속에 표류할 뿐이다)라고. 이것은 곧 여래의 일체 경전과 육장엄(六莊嚴) 등의 현성의 모든 논전들을 유기하는 최하의 사견(邪見)인 것이니, 그것들에 의해서 이 정리와 언교의 의취(義趣)를 오로지 결택하기 때문이다. 또 이아(二我)의 상을 취하는 마음이 그와 같이 인식하는 그것이 여하한 것인가를 잘 관찰한 뒤, 청정한 교리에 의해서 그가 미집(迷執)하는 것처럼 (이아의 상이) 있지 않음을 결단하는 방법을 통해서, 착란의 거짓됨을 영원히 무너뜨려야 하는 것이다. 그와 같은 확지를 전혀 얻음이 없이 단지 마음을 잡는 것은, 그때 비록 이아의 대경으로 마음이 분산함이 없다고 인정할지라도, 단지 그 정도로서 무아의 뜻을 깨닫게 되는 것이 아니다. 만약 그렇지 않다면, 깊은 숙면과 혼절 등의 경우에도 역시 마음의 유실이 없으므로, 그들도 또한 무아를 통달하게 되는 큰 모순이 발생하기 때문이다. 예를 들면 어두운 밤 낯선 동굴에 나찰이 있는지 없는지를 의심해서 공포가 생길 때, 등불을 밝혀 나찰이 있고 없음을 분명히 조사해서 공포의 근본을 제거하지 않고, 단지 나찰을 망상하는 그 분별이 일어나지 못하게 마음을 잡도리하라고 함과 같은 것이다. … 그러한 까닭에 밧줄을 뱀으로 착각해서 공포가 일어나면, 그 따리가 밧줄일 뿐 뱀이 아니라고 결단하는 확지를 일으켜서 그 착각과 두려움의 고통을 제거하게 되듯이, 이아(二我)를 실유로 미집해서 착란하여 그 착란이 야기하는 윤회의 고통도 역시, 아집의 대경(對境)이 실재하지 않음을 결단하는 언교와 정리로써 확지를 일으킨 뒤, 이 아집이 착란의 산물임을 요해하는 것이다. 그다음 진실한 의리를 수습해서 (착란을) 제멸하면 착란에서 비롯된 윤회의 모든 고통들도 자연히 소멸

하게 되는 것이다. 중관(中觀)의 논전들에서 대경(對境)을 관찰해서 (착란을) 파괴하는 이유도 이와 같다. 그래서 아사리 아르야데와(聖天)도 〈대경(對境)에 자아가 없음을 보면 윤회의 종자를 파괴하게 된다〉라고 설하였다."[62]

또한 마하연 화상의 무사(無思)와 부작의(不作意), 즉 불사불관(不思不觀)에 대해, 쫑카빠는『응악림첸모(密宗道次第廣論)』에서는 다음과 같이 비판하고 있다.

"(마하연 화상은) 〈사유가 있음은 부처를 성취하는 심오한 도의 수행이 아니다. 왜냐하면 사유인 이상 그것은 분별이며, 분별은 또한 탐착의 유형에 속하거나 아니면 불탐의 유형에 속해서 탐착과 탐착의 여읨을 일으키게 되고, 그것에 의해서 윤회에 결박당하기 때문이다. 그러므로 전혀 사유하지 않음으로써 탐과 불탐의 유형에 속하는 분별을 벗어나게 되고, 그것을 벗어나게 되면 윤회를 벗어나게 되어서 성불하게 되는 것이다. 그러므로 부처를 증득하는 길은 일체를 사유하지 않는 무사(無思)이며, 그밖의 다른 분별의 삼마지가 아닌 것이다)(라고 한다) … (이에 대해)『오차제광석(五次第廣釋)』에서 〈여기서 만약 무사지가 부처를 얻게 하는 것이라면 (不思가 이루어지는) 그때 일체의 유정들이 어째서 부처가 되지 못하는 것인가? 그들 또한 깊은 숙면 중에는 무사지에 들어가게 되어서, 탐하는 사물들을 애착하지도 않으며, 탐하지 않는 사물들에 애착의 여읨도 또한 없는 것이다)라고 하였다."[63]

겔룩빠의 고승 최제 둑걜왕은『쫑카빠남타르(宗喀巴伝)』에서 불사(不思)와 부작의(不作意)에 대한 티베트불교의 시각을 다음과 같이

62 같은 책, pp.157-159.
63 같은 책, p.165.

정리하고 있다.

> "전혀 (사유하지 않는) 부작의(不作意)가 최상의 수행임을 설한 총론과
> 도 같은 이 언구에 떨어져서, 후대에 대수행자로 자처하는 무리들로서
> 수복정죄(修福淨罪)와 지계 등을 전혀 근수함이 없이, 애당초 선악의 모
> 든 분별들을 차단한 뒤, 어떠한 소연도 전혀 작의하지 않는 쫌쪽(但住)의
> 수습 이외에 더 나은 수법이 없다고 생각하는 자들이 허다하게 많다. 만
> 약 이와 같이 닦는다면, 중국 화상의 수법과 다를 것이 없어서 큰 착오처
> 에 떨어지게 됨을 인식해서, 쫑카빠 대사 등이 그것을 적극 파척하고 나
> 선 것이다. 선대의 선지식들이 말하는 전혀 작의하지 않는 교설의 주된
> 의취는, 선정 시에 제법의 실상인 공성의 모든 희론의 가장자리를 여읜
> 무분별의 본성 이외에, 여타의 좋고 나쁜 모든 소연들을 전혀 작의하지
> 않는다는 의미이다. … 단지 부작의를 말한 언구에 착각해서, 범부의 혼
> 절 또는 숙면 따위의 기억과 의식이 전혀 없는 것을 수행으로 인식하는
> 것은 크나큰 착오이며, 그와 같이 후득(後得, 출정 후)의 상태에서도 한
> 층 더 수복참죄의 도행을 전심으로 근수함이 필요하다. 전혀 작의하지
> 않는다는 것은 유위의 선근을 무시하는 것보다도 더 무거운 잘못에 떨어
> 지는 것이다."[64]

마하연이 전하는 선종 간심(看心) 행법의 내용인 '불사(不思)·
불관(不觀)·부작의'에 대한 까말라씰라, 쫑카빠 등 유가행중관파의
비판 요점은, 간심 행법이 '이해의 사유'에 의한 행법을 외면하고 있
다는 것이다. '불사·불관·부작의'를 '이해/사유/인식 활동의 정지
내지 폐지'로 간주하는 것도 그 연장선에 있다. "그러므로 여실히 관
찰(사유)토록 하라. 그것이 비록 분별의 체성이 될지라도 또한 여리

---

64 같은 책, pp.167-168.

돈점 진리담론

118

작의(如理作意)의 본성이 되는 까닭에, 이로 말미암아 무분별지가 발생하는 것이다. 그러므로 이 무분별지를 얻고자 하면 반드시 여실한 관찰(사유)에 의지해야 한다"라는 까말라씰라의 말은, 인도불교 측 유가행중관파 시선의 요지를 압축하고 있다.

마하연의 '불사불관의 간심 행법'에 대한 인도불교 유가행중관파 고승들의 이해와 비판의 초점은 한결같다. '마하연은 이해사유 행법(觀)을 외면하고 있으며, 일체의 이해/사유/인식활동을 중지/폐기하는 잘못된 삼매수행을 설한다'는 것이다. 따라서 선종의 간심 행법은 불교 선 수행의 요점인 지관(止觀)수행이라 할 수 없다는 것이다.

그런데 선종 마하연의 간심 행법은 과연 이해사유를 외면하는 것일까? 선종은 그 이전까지의 모든 대승교학을 토대로 삼고 출발하여 고유의 개성을 확보한 것이다. 마하연이 선종의 간심 행법을 경증(經證)하기 위해 인용하고 있는 다양한 소의경전들은 중관과 유식교학의 이해사유를 풍부하게 펼치고 있다. 그런 선종의 고승 마하연(선종을 대표하여 중국이 티베트에 파견한 인물이니 선종의 최고 엘리트임이 분명하다)에 대해, 공성을 성찰하는 이해사유에 무지했다거나, 일체의 이해/사유/인식 활동을 정지하거나 폐기하는 것을 삼매나 선수행으로 설하는 수준이라고 비판하는 것은 설득력이 없다. 정교하고 고도화된 교학적 이해와 언어로 단련된 대승논사들이 왜 이처럼 억측에 가까운 무리한 해석을 펼칠까? 그 이유를 단지 티베트 불교의 주도권 장악을 위한 권력의지에서 찾는 것은 너무 비속한 추정이다. 설혹 그럴 가능성을 최대치로 고려한다 해도 설명이 안 된다. 이 기이한 이해의 불통은 무엇을 의미하는가?

2. 선禪 수행에 있어서 이해방식과 마음방식의 차이

티베트 논쟁을 흔히 인도불교의 점문(漸門)과 중국 선종의 돈문(頓門)의 대립으로 기술한다. 그리고 점문은 '연속적 행법에 의한 점차적 성취'를, 돈문은 '비연속적인 행법에 의한 단박의 성취'를 의미하는 것으로 이해되곤 한다. 그러나 논쟁의 실제내용을 보면, 인도불교 측 점문은 '대상(所緣)집중 행법(무분별영상, 사마타)과 이해사유 행법(유분별영상, 위빠사나)의 지속적 축적을 통한 무분별지의 성취'를 주장하는 것이고, 선종 마하연 측 돈문은 '분별의 개념환각을 붙들고 쫓아가는 마음지평/계열/범주로부터의 비연속적 일탈'을 '마음시선 바꾸기 행법(看心)을 통해 생각마다 단박에 성취하기'를 천명하는 것이다. 이 두 시선의 차이가 끝내 평행선을 달린 것이 티베트 논쟁의 사상적 전말이다.

겉보기에 이 논쟁은 승패도 나지 않고, 상호 이해와 설득도 이루어지지 못한, 불통의 담론으로 보일 수 있다. 그러나 속내를 들여다보면, 이 논쟁에서 대립 충돌한 차이들은 우열승패를 가를 수 있는 성격의 것이 아니었다. 그리고 마하연은 자신의 관점을 상대방에 이해시키는 데 실패하였고, 까말라씰라 등의 인도불교 측은 마하연의 관점을 제대로 이해하는 데 실패하였다. 아니, 이해하기가 어려웠다. 그래서 과도한 오해나 억측으로 비난을 퍼부은 셈이 되었다. 그러나 이 소통 실패의 담론은 결과적으로 선 수행과 깨달음에 대한 각 진영의 시선을 선명히 드러나게 했으며, 그 시선의 차이는 선 수행과 깨달음의 의미를 포착하는 데 매우 유익한 토대를 제공한다.

끝내 만나지 못한 이 두 상이한 시선은, '선 수행에 있어서 이해방식과 마음방식'의 차이에 관한 문제라고 생각한다. 까말라씰라 등의 인도 측은 이해방식, 마하연의 선종 측은 마음방식의 선 수행을 대변한다. 『수습차제』는 수행법 체계에 대한 까말라씰라의 관점을 전하고 있는데, 특히 선 수행의 요체인 지관(止觀) 수행에 관한 그의 이해는 유가행중관파의 일반적 시선을 잘 압축하고 있다. 좀 길지만 요점만 인용해 보자.

"사마타(止)와 위빠사나(觀)가 모든 삼마지를 총괄하는 것이므로, 지관을 함께 닦는 지관쌍운(止觀雙運)의 도를 말하고자 한다. … 사마타의 힘에 의해서 무풍 속의 등불처럼 소연의 대상에서 마음이 흔들리지 않게 되고, 위빠사나에 의해서 어둠 속에 태양이 떠오르듯이 법의 진실을 활연히 깨달음으로써 청정한 반야의 광명이 발생하여 모든 장애물들을 영원히 제멸하게 된다. 세존께서는 유가사들의 소연사(所緣事)로 네 가지를 설시하였으니, 무분별영상(無分別影像)과 유분별영상(有分別影像)과 사변제(事邊際)와 소작성취(所作成就)가 그것이다. 사마타는 일체법의 영상과 여래의 상호 등을 신해해서 반연하는 것이니, 이것을 무분별영상이라 한다. (제법의) 진실의(眞實義)를 분별함이 없으므로 무분별이라고 부른다. 또 그와 같이 듣고 수지하는 제법의 영상을 신해하여 반연함으로써 영상이라 부른다. 유가사가 (제법의) 진실의를 깨닫기 위해서 위빠사나로 영상들을 관찰하는 그때, 위빠사나의 본질인 '법의 진실을 사유하는 분별'이 있으므로 유분별영상이라고 부른다. 이것은 유가사가 영상의 본질을 분별해서 일체법의 자성을 여실하게 통달하는 것이니, 마치 얼굴의 영상이 거울 속에 나타남을 관찰해서 자기 얼굴의 곱고 추함 등을 분명하게 아는 것과 같다. 어느 때 사물의 궁극의 실상인 진여를 증득하는 그때, 사물의 구경의 진실(事邊際)을 체달함으로써 초지(初地)에 (증입하는) 사변제소연(事邊際所緣)이라 부른다. 그 뒤 신령한 금단(金丹)을 복용함과 같이, 극히 청정한 순간들이 문득 발생해서 수도위의 나머지 지위들로 차례로 바뀌어 옮겨 간 뒤, 어느 때 모든 장애들을 남김없이 소멸한 표상인 일체의 소작(所作)들을 완성하게 되는 그때, 불지(佛地)에 (증입하는) 그 지혜를 소작성취소연(所作成就所緣)이라고 부른다. … 요약하면 '사마타는 (마음을 한곳에 모으는) 심일경성(心一境性)이며, 위빠사나는 (법의를) 여실히 분별하는 것이다'라고 세존께서는 『보운경』 등에서 지관의 뜻을 밝혔다. … 범부들의 전도(顚倒)를 없애 주기 위해서 그들을 위하여 대비의 마음을 진실로 일으키며, 사마타를 닦아 얻은 뒤에는, 법의 진실을 현증하기 위해서 위빠사나의 수습에 들어간다. 위빠사나는 제법의 진실을 관찰하는 것이며, 그 진실이란 바로 인무아(人無我)와 법무아(法無我)이다. 인무아는 오온에는 나와 나의 것이 없음을 말하고, 법무아는 제법이 환(幻)과 같음을 말한다. … 법무아의 진실을 깨닫기 위해서 '(물질 등의) 색법들에 대하여 또한 어찌 이것들이 마음을 여의고서 진실로 존재하는 것이겠는가? 단지 마음이 그 형상 등을 보는 것이니, 꿈속에서 (물체들을) 보는 것과 같은 것이다'라고 관찰하는 것이다. … 또한 마음의 본성을 다음과 같이 사유한다. '승의에 있어서 마음 또한 환(幻)과 같아서 무생이니, 어느 때 허망함의 자체인 색(色) 등의 모양을 인식하기 위해서 마음이 갖가지 모양으로 나타나는 그때를 제외하고는 (마음도) 달리 없는 까닭에, 그 역시 색 등과 같이 어찌 진실한 것이 되겠는가? 색 등이 갖가지 모양이어서 하나의 자성도 다수의 자성도 아닌 것처럼, 마음도 역시 그것을 떠나서 달리 없는 까닭에, 마음도 하나의 자성도 다수의 자성도 아니다. 또 마음이 일어날 때 어디로부터 오는 것도 아니며, 멸할 때도 어디로 향해 가는 것도 아니니, 승의에 있어서 마음은 자생(自生)과 타생(他生)과 자타(自他)의 화합에서 발생하지 않는다. 그러므로 마음도 역시 환(幻)과 같으며, 마음이 그와 같은 것처럼 일체의 법들도 또한 환상과 같아서 진실로 생함이 없는 것이다'라고 관찰한다. … 이 뜻을 또한 『보운경』에서 설하되, '그와 같이 과환에 효달한 유가사는 일체의 희론을 여의기 위해서 공성을 수습하는 유가의 관행(觀行)을 닦는다. 그가 공성을 허다히 수습함으로써 어떠어떠한 대경들로 마음이 달아나서, 그 마음이 애착하는 그러그러한 대상들의 본질을 추찰해서 공한 것임을 깨닫는다. 마음이란 그 또한 관찰해서 공한 것임을 깨닫는다. 그 마음이 깨닫는 바의 그 또한 자성을 추찰해서 공한 것임을 깨닫는다. 유가사가 그와 같이 깨달음으로 해서 (희론이 절멸한) 유상유가에 들어간다'라고 하였다. 이것은 여실히 관찰하지 않는 유가사는 무상성에 증입하지 못하는 것임을 밝힌 것이다."[65]

까말라씰라에게 있어서 사마타(止) 수행은, '선택한 특정대상에 마음의 시선을 붙들어 매어 움직이지 않게 하는 것'이어서, '그 대상을 이해하려고 하지 말고(무분별영상) 그저 마음이 산만하거나 동요하지 않게 집중시켜 가는 것'이다. 이에 비해 위빠사나(觀) 수행은 '대상의 속성이나 본질을 제대로 이해하려는 사유관찰'로서 '대상을 공성(空性)으로 이해하는 사유를 지속적으로 유지/발전시켜 가는 지적 노력'이다. '집중으로 인한 마음의 안정(止)'과 '지적 성찰로 인한 이해의 계발(觀)'이 상호작용하여, 모든 개념환각(희론)에서 풀려나고, 마침내 궁극적 지혜가 드러나는 최고의 깨달음 경지를 성취하게 된다는 것이다. 이러한 까말라씰라의 수행론은 비단 대승불교 유가행중관파의 관점에 국한되는 것이 아니라, 지관(止觀) 수행에 대한 남방과 북방의 일반적 이해구조로 보아도 무리가 없을 것이다. 다시 말해, 정학(定學) 내지 선 수행에 관해 현재까지도 광범위하게 공유되고 있는 관점이다.

이러한 유가행중관파의 지관(止觀) 해석학은, 지(止)와 관(觀)을 종합하고 있지만, 지와 관이 같은 지위로 취급되는 것은 아니다. 그들이 일관되게 중시하는 것은 '이해의 사유와 관찰'이다. '이해의 지적 성찰 수행'이 없이는 마음집중(止)이 의미를 지니지 못한다. 수행

---

65 『수습차제』하편, 같은 책, pp.379-385.

의 성공여부와 중심축을 '이해 수행'에 두고 있다는 점에서, '이해방식을 축으로 삼는 수행 해석학'이다.

유가행중관파로서는 자신의 수행론이 '이해방식과 마음방식'을 구족하고 있다고 말할 것이다. 따라서 그들의 수행론을 '이해방식'이라 부르는 것에 동의하기 어려울 것이다. 그러나 유가행중관파의 수행차제에서 '이해 행법'(觀)이 차지하는 위상과 의미는 명백히 '중심부'를 차지하며, '집중 행법'(止)은 보조 내지 보완 역할을 수행한다. 아울러 사마타(止)를 '대상 집중'으로 이해하고 있다. 그러나 마하연이 전하는 선종의 '간심(看心) 행법'은 사마타(止)에 대한 이해가 다르다. '간심 행법'의 마음방식 수행은, 대상에 마음을 붙들어 매어 산만하거나 동요하지 않게 하는 집중이 아니라, 분별망상의 계열/범주/지평에 휘말려 들지 않는 마음국면/마음자리를 열고 챙겨 가는 수행이다. 지(止)에 대한 이해가 전혀 다른 것이다. 따라서 유가행중관파의 수행론에서 '이해 행법'이 차지하는 각별한 위상, 그리고 지(止)의 마음수행에 관한 선종의 상이한 시선, 아울러 그 새로운 마음 행법이 선종 돈오의 핵심부를 차지하고 있다는 점 등을 모두 고려하면서, 필자는 유가행중관파와 선종의 수행론적 특징을 대비적으로 분명히 하기 위해 각각 '이해방식'과 '마음방식'의 선 수행이라 부른다.

티베트 논쟁은 수행, 특히 선 수행을 보는 유가행중관파의 '이해방식' 시선과 선종의 '마음방식' 시선이 직접 조우한 것이다. 그리고 유가행중관파의 '이해방식' 시선은, 선종의 '마음방식' 행법이 낯설고 이해하기 어려운 선관(禪觀)이었기에, 왜곡에 가까운 오해와 비난에 가까운 비판으로 대응했다. 반면, 마하연은 선종의 '마음방식' 행법을 상대측에 이해시키는 데 실패하였다. 티베트 논쟁은 우열이나 승패를 가려야 할 논쟁이 아니라, 선 수행을 보는 상이한 두 시선이 만나 그 시선차이의 내용과 의미를 확인하고 탐구해야 하는 '차이 접속의 장(場)'이었다. 그러나 유가행중관파의 전통은 선종의 선관을 이해할 역량이 부족하였고, 마하연은 선종의 관점을 피력하는 데 그쳤지 유가행중관파를 이해시키는 역량은 보여 주지 못했다. 그 결과 티베트 논쟁은 불통의 담론이 되고 말았지만, 선관의 중요한 차이를 확인시켜 후학들에게 정학(定學)과 선 수행의 이해 및 탐구에 요긴한 자료를 남겼다.

왜 이해방식과 마음방식을 구분하는가? 두 방식의 차이는 무엇인가? 앞서 논의한 내용이지만, 필요한 정도로 재구성해 보자. 인간이 감관(根)을 통해 물리적, 정신적 대상들(境)을 접촉할 때, 특정 감관을 조건으로 한 지각경험이 발생한다. 그리고 이 최초의 지각경험을 조건으로 느낌, 인식, 욕구 등이 그 구체적 내용을 형성하며 전개한다. 그런데 모든 감관지각은 마음(意根)과 결합되어야 경험된다. 눈(眼根)이 형상과 만나더라도 마음(意根)이 결합하지 않으면 '눈으로 본 지각경험(眼識)'은 발생하지 않는다. 귀, 코, 혀, 몸에서 발생하는 지각경험도 마찬가지다. 붓다는 마음(意根)도 감관의 하나로 간주하는데, 마음이라는 감관이 그 대상인 개념(법)을 만날 때는 마음 자신의 속성이 이에 부가되어 마음을 매개로 한 지각경험(意識)이 발생한다. 결국 모든 감관(六根)에서 발생하는 지각경험은 마음과 결합해야 비로소 '경험'이 된다.

의근(意根)이라는 감관능력은, 가시적인 것은 아니지만 존재하고 작용하는 '범주적 능력/현상'이다. 이 범주는 '관점/이해/견해와 욕구의 다양한 방식들, 판단과 평가를 가능케 하는 다채로운 이지적/감성적 기준과 방식들이, 복잡하고 중층적으로 얽히고 축적된 인지기능'으로서 '이해와 욕구의 문법적 체계와 그 경향성'이라 할 수 있다. 대상을 특정한 내용으로 해석/가공하는 문법적 방식이 이 범주 안에 자리 잡고 있다. 세계/대상과 만날 때 발생하는 현상을 지각/느낌/인식/욕구 등의 '인지적 경험'으로 만드는 것도 이 범주이고, 그 인지적 경험의 내용을 구체적으로 구성시켜 주는 것도 이 범주이다. 이 범주가 지닌 해석/가공의 방식과 잠재적 경향성은, 거의 유전자적 본능처럼 즉각적이고 지배적으로 작동하면서 인간의 세계경험을 구성해 낸다.

대상을 접촉할 때 '즉각적 직접적'으로 작용하면서, 지각/인식 경험의 구체적 내용을 구성적으로 채워 가는 '분류/선별/판단/평가'의 '해석/가공 메커니즘' ─ 그것이 의근(意根)이라는 감관능력의 범주적 현상이다. 물리적/사회적/문화적/정신적 여러 조건들의 상호 결합과 상호 작용으로 형성되어 가변적으로 연속해 가는 이 관성(慣性)적 메커니즘은, 흡사 규격에 맞추어 벽돌을 찍어 내는 거푸집과도 같은 강력한 문법적 규정력을 행사한다. 경험을 구성해 내는 이 강력한 관성적 능력은, '범주적 구성력'이고 '해석/가공의 체계'이며 '문법적 틀'로서, 일종의 매트릭스다. 식(識) 혹은 마음(心)은 의근이라는 비가시적/범주적 능력의 근거이기도 하고 산물이기도 하다. 의식/마음과 의근(意根)은 상호조건적으로 의존/작용/발생한다.

'의근' 내지 '의식/마음'이라는 능력범주를 가득 채우고 있는 것은, '설정된 기준들과 그에 따라 분류/선별/해석/가공하는 방식들'이다. 따라서 이 능력범주의 내용을 형성하는 핵심조건은 '관점과 이해'이다. 관점이 '기준선의 획정과 선택에 따른 시선의 규격과 방향성'이라면, 이해는 '관점에 의해 읽어 낸 질서'이다. 진화과정에서 사유능력과 언어능력의 고도화가 맞물린 시점부터 뚜렷해졌을 개념적/언어적 인식능력은, '관점 설정의 능력'과 그에 따른 '이해능력'을 기본조건으로 발전해 왔다. 그런데 인간이 그 무엇을 경험 대상으로 삼을 때, 그것을 직접 그리고 즉각적으로 읽어 내는 것은 '관점이나 이해'가 아니다. 지각경험의 현장에서는, '관점과 이해'가 경험발생과 구성의 즉각적이고 직접적인 통로가 아니다. 관점과 이해들이 핵심조건으로 참여한, 느낌/감정/판단/평가/욕구/행위의 '복합/중층적 결합체계와 경향성'이 지각경험의 즉각적이고 직접적인 통로가 된다. 대상과 접촉할 때마다 즉각적으로 가동하는 이 총체적 문법 메커니즘은, 근원적으로 관점과 이해를 기초조건으로 삼아 직조된 것이기는 하지만, 그 내용과 구조를 단순히 관점이나 이해의 문제만으로 환원시킬 수 없는 복잡/중층의 체계이다.

불교적 통찰에 따르면, 통상의 의근/의식/마음이 지니는 해석·가공의 문법범주는 환각적인 존재론적 전제를 안고 있다. 실재하지도 않는 불변/동일의 본질이나, 그런 본질을 지닌 실체로서의 단독적 개체를 설정하고 있다. 의근/의식/마음이라는 통상적 능력 범주를 채우는 관점과 이해들, 욕구와 행위의 방식들은, 근원적으로 이 존재환각을 조건 삼아 형성된 것이다. 따라서 통상의 의근/의식/마음은, 허구의 실체관념이 유효하게 기능하는 범주/계열/체제/문법 내에서 세계를 해석하고 가공하여 경험 내용을 구성한다. 이런 지평에서 작동하는 의근/의식/마음은 존재환각에 기대어 있다는 점에서 '왜곡과 오염의 매트릭스'라 할 수 있다.

이러한 의근/의식/마음 범주와 계열 내에서 세계를 만나는 한, 그 세계 경험은 실재의 은폐이고 왜곡이며 훼손이다. 그렇게 읽어 낸 세계는, 비록 정교하고 풍부하여도, 실재 왜곡과 진실 일탈의 허구적 가공이다. 그 세계 경험은, 존재환각을 조건으로 구성되었으므로 무지의 기만적 산물이고, 이 기만적 세계경험은 실존의 근원적 불안을 필연적으로 수반한다. 존재환각을 안고 있는 의근/의식/마음은 치유되어야 하는 것이다.

의근/의식/마음이라 칭하는 범주능력은, '설정된 기준들과 그에 따른 관점/이해와 욕구의 다양한 방식들이 상호적으로 얽혀 중층적으로 누적된 인지기능적 체계'로서, 대상을 접촉할 때 '즉각적/직접적'으로 작용하여 지각/인식 경험의 구체적 내용을 구성적으로 채워 가는, '분류/선별/판단/평가하는 해석·가공의 경향적/관성적 메커니즘'이라고 정의해 보았다. 이 능력범주의 내용을 형성하는 핵심조건은 '관점과 이해'이지만, 대상세계를 즉각적으로 읽어 내는 것은 '관점이나 이해'가 아니다. 관점과 이해들을 원천조건으로 삼은 '느낌/감정/판단/평가/욕구/행위의 총체적 체계와 경향성', 다시 말해 마음범주가, 지각경험의 즉각적이고 직접적인 통로가 된다.

통상의 마음범주, 즉 중생의 마음범주는 존재환각에 오염되어 있다. 실재하지 않는 불변/동일의 본질이나 그런 본질을 지닌 실체로서의 단독적 개체를 환각적으로 설정하고 있다. 마음범주의 내용을 구성하는 기준들의 설정, 설정된 기준에 따른 관점과 이해들은, 전반적으로 이 존재환각에 오염되어 있다. 그리하여 이 오염된 마음범주는 존재환각이 유효한 지평/계열/체제/문법으로써 세계를 해석하고 가공하며 경험내용을 구성한다. 따라서 지각이 이러한 마음범주에 지배받는 순간, 모든 지각과 인식경험은 존재환각의 그늘에 들어간다. 모든 관점과 이해, 욕구와 행위는, 본질/실체 관념의 범주/계열/체계 안에서 형성되고 전개된다.

이성의 성찰적 자기교정 능력에 기대어 관점과 이해의 논리적 교정을 추구하는 정견/혜학의 행법은, 이 오염된 마음범주의 존재환각을 치유하기 위한 필수적/선행적 조건이지만, 앞서 살펴본 것처럼 그 효과는 제한적이다. 마음범주를 지배하는 존재환각의 속성이 근원적으로 관점과 이해의 문제라는 점에서, 오염된 마음범주의 궁극적 정화는 관점/이해의 궁극적 치유와 맞물려 있다. 그러나 그러한 궁극적 정견(明知, 解脫知見)으로써 오염된 마음범주에서 완전히 해방되기 위해서는, 정견/혜학의 이성/논리적 행법만으로는 불충분하다. 오염된 마음범주의 지배력에서 풀려나기 위한 또 다른 행법이 필요한데, 붓다가 시설한 정념/정학이 그것이다.

존재환각에 오염된 의근/의식/마음을 정화하여 실존의 병을 근원적으로 치유하려면, '행동능력 범주의 계발'(계학)과 '관점 및 이해능력 범주의 계발'(혜학) 그리고 '마음능력 범주의 계발'(정학)이 필요하다는 것이 삼학의 의미다. 그런데 행동과 관점/이해 그리고 마음은, 별개로 분리되어 독자적으로 작용하는 현상이 아니라는 것은 명백하다. 이 세 가지는 사실상 분리되기 어려울 정도로 긴밀하게 상호 의존하고, 서로 연루되어 있으며, 상호적으로 작용한다. 그럼에도 불구하고 식별이 불가능하거나 불필요한 것은 아니다. 그리하여 삼학은, 구별되는 동시에 각각은 내적으로 서로를 안고 있고, 서로 연루되어 있다. 계학은 혜학과 정학을, 혜학은 계학과 정학을, 그리고 정학은 계학과 혜학을 안고서 상호작용하고 있다. 따라서 정견/혜학의 중심축인 이해방식 행법(위빠사나, 觀)과 정념/정학의 중심축인 마음방식 행법(사마타, 止)은 서로 침투하고 있고 서로 연루되어 있다. 정학의 사마타 행법은 혜학의 위빠사나 행법을 안고 있는 것이다. 그런 의미에서, 통상 선(禪) 수행이라 부르는 정학 행법은 지

(止)와 관(觀) 모두를 그 내용으로 한다.

그런데 사마타(止) 행법에 대한 통념적 이해는 '대상에 대한 마음집중'이다. 니까야 주석서와 아비담마 전통, 대승 유가행 전통 모두 이러한 이해를 공유한다. 마음범주의 오염에 대처하는 사마타 행법은 '대상에 마음을 붙들어 매어 움직이지 않게 하는 수행'이라는 것이다. 선종의 마하연과 대론하는 유가행중관파의 사마타 이해도 이런 시선을 계승하고 있다. 결국 남/북의 불교전통은 전반적으로 선 수행의 두 축인 지(止)와 관(觀)을 '마음집중'과 '이해 계발'로 간주하고 있다. '무아/공성의 관점과 이해를 수립하여 대상에 적용하는 수행(위빠사나, 관)'과 '대상에 마음을 붙들어 매어 동요하거나 흩어지지 않게 하는 수행(사마타, 지)'을 통해, 무명환각에 지배되는 의근/의식/마음 범주로부터 완전하게 해방될 수 있다는 것이, 남/북 전통의 일반적 선관(禪觀)이다.

그러나 이해방식 행법을 보완하는 정학의 사마타 행법이 과연 '마음집중'일까? '마음집중'으로 이해수행을 보완하면 오염된 마음 범주로부터 탈출할 수 있을까? 만약 그렇다면, 사마타 수행의 중요성을 강조하는 붓다 자신이 분명한 언어로 그렇게 설명했을 것이다. 그러나 니까야/아함이 전하는 붓다의 정학 설법에서는 그런 식의 설명을 확인할 수 없다. 『청정도론』처럼 사마타 행법을 '마음집중'으로 이해하는 것은, 후학들의 해석학적 선택이지 붓다의 의중과 부합한다고 말하기 어렵다. 그렇다면 정학의 마음방식 행법을 새롭게 이해할 수 있을까? 붓다의 정학을 탐구하는 데 요긴한 새로운 관점이 불교전통에서 존재했을까? 존재환각에 지배되는 마음범주에서 탈출할 수 있는 적절한 인과적 조건으로서의 선관(禪觀)은 무엇일까?

필자가 선종의 돈오선(頓悟禪)을 주목하는 까닭이 여기에 있다. 선종의 선관은 선 수행을 '마음집중'으로 이해하는 관행에서 탈피하는 새로운 내용이며, 그것은 붓다 정학의 본의를 발굴하여 계승하는 데 획기적 기여를 한다는 것이 개인적 소견이다. 까말라씰라가 마하연의 간심(看心) 행법을 이해할 수 없었던 것도 이런 이유에서이다. 까말라씰라의 인도불교 측이 계승해 온 선관과 마하연이 전하는 선종의 선관이 전혀 다른 것이었기에, 양 진영의 담론이 소통되기 어려웠던 것이다. 선 수행을 이해계발과 마음집중의 문제로 보던 기존의 시선으로는, 선종의 선관이 납득은커녕 이해조차 안 되는 것이었다. 그렇다면 선종의 새로운 선관은 어떤 마음방식 행법, 사마타(止)에 대한 어떤 새로운 관점을 제시하는 것인가?

사마타 행법을 '마음집중'으로 간주하는 시선은, 마음범주에 의한 삶과 세계의 왜곡 및 오염이 '마음의 동요'에서 비롯된다고 생각하는 것으로 보인다. 그리고 마음 동요의 극복방안으로서 '대상에 마음을 매어 움직이지 않는 집중능력'을 선택한다. 그러나 마음범주에 의한 왜곡과 오염은 마음 동요나 산만의 문제가 아니다. 그렇게 보는 것은 의근/의식/마음 범주에 대한 피상적 이해의 표현이다. 의근/의식/마음이라 칭하는 범주능력은, '설정된 기준들과 그에 따른 관점/이해와 욕구의 다양한 방식들이 상호적으로 얽혀 중층적으로 누적된 인지기능적 체계'이며, 지각/인식 경험의 구체적 내용을 구성적으로 채워 가는 '분류/선별/판단/평가하는 해석·가공의 경향적/관성적 메커니즘'이다. 따라서 이러한 마음범주에 의해 삶과 세계가 왜곡되고 오염되는 것은, 마음작용의 기능적 동요나 산만함 때문이 아니라, 마음범주 안에 자리 잡은 '설정된 기준들과 그에 따라 분류/선별/해석/가공하는 방식들' 때문이라고 보는 것이, 더 적절한 인과적 이해이다.

　　그렇다면 존재환각에 오염된 마음범주를 치유하거나 그 지배력에서 벗어나기 위해서는, 그 마음범주의 문법/지평/계열/체계에 '빠져들지 않는 선택'이 필요하다. 그런데 마음집중은 그 선택이 되기 어렵다. 마음작용의 기능적 집중은 여전히 오염된 문법/범주/지평/계열/체계 안에서의 일일 수 있기 때문이다. 마음집중이 오염된 마음범주의 정화나 그로부터의 탈출에 무익하다고는 할 수 없지만, 가장 필요한 것은 존재환각이 유효한 마음범주의 지평/계열/체계에 '더 이상 휘말려 들지 않는 마음자리/마음국면'의 계발과 확보이다. '마음범주에 의한 왜곡'은 '마음범주 속'에서는 그쳐지지 않는다. 존재 환각을 조건으로 형성된 마음범주의 문법/계열/체제/지평을 '붙들어 의존하고' '따라 들어가 안기고', 그 안에 '빠져들고' '휘말려 드는' 관성(업력)에 떠밀리는 한, 아무리 집중하고 무아/공의 이해를 수립하여 대상에 적용한다 해도, 무명의 그늘에서 빠져나오기는 어렵다.

　　'마음방식의 수행'이, 오염된 마음범주에 더 이상 농락당하지 않을 수 있는 행법일 수 있으려면, 존재/세계의 왜곡 문법으로 작용하는 마음범주의 계열/체계에 '빠져들지 않는 마음국면' '휘말려 들지 않는 마음국면' '그 마음범주를 붙들어 달라붙지 않는 국면' '그 마음계열 전체를 괄호치고 빠져나오는 국면'을 열어야 하고, 그 마음범주에서 '통째로 빠져나오는' 마음자리를 확보해야 한다. 마음의 '범주/지평/계열 차원의 자기초월'이 이루어져야 하는 것이다.

　　선종의 선관은 이러한 시선의 표현이라고 생각한다. 마하연은 이러한 선종의 시선을 피력하고 있다.

　　"묻는다. 무엇을 마음을 보는 것[看心]이라 하는가? 답한다. 마음의 본원을 돌이켜 비추는 것이니, 마음의 상(想)이 움직이면 그 마음을 보아 있음(有)과 없음(無), 깨끗함(淨)과 깨끗하지 못함(不淨), 공(空)함과 공하지 않음(不空) 등(의 개념적 분별)을 모두 헤아리지 않으며, 관(觀)하지 않는다는 것도 헤아리지 않는다."[66]

"묻는다. '일체의 상(想)'이라 한 것은 그 상(想)이 무슨 뜻인가? 답한다. 상(想)이란 마음의 생각이 일어나 움직여 바깥 대상을 취하는 것이다."[67]

"묻는다. 어떤 방편을 써서 망상과 습기를 제거할 수 있는가? 답한다. 망상이 일어나는 걸 깨닫지 못하는 것을 생사(生死)라고 부른다. 깨달으면 마침내 '망상을 따라가 업을 짓는 것'을 하지 않는다. (망상을) 붙들지도 (망상에) 머무르지도 않아, 생각마다 바로 해탈반야이다."[68]

쫑카빠가 『람림첸모(菩堤道次第廣論)』에서 비판을 위해 인용하는 다음과 같은 구절은, 선종의 마음방식 행법의 내용을 정확하게 전하고 있다.

"그(중국 화상)를 추종하는 일부는 이렇게 생각한다. 〈이아(二我)의 상(相)을 취하는 그 대경(對境)을 허다히 관찰하고 나서 그 다음 그 능취(能取)의 마음을 끊는 것은, 마치 개가 돌의 뒤를 쫓는 것과 같이 희론을 바깥에서 끊는 것이며, 처음부터 그 마음이 분산하지 못하게 장악하는 것은, 투석하는 손을 무는 것과 같이 그것을 닦음으로써 (이아의) 상을 취하는 그 대경들로 마음이 유실되지 않는 것으로서 모든 희론을 안에서

---

66 『돈오대승정리결』, 위의 책, p.821. "舊問. 云何看心? 答. 返照心源, 看心心想若動, 有無淨不淨空不空等 盡皆不思, 不觀者亦不思."
67 같은 책, p.820. "舊問. 言一切想者 其想云何? 答. 想者心念起動, 及取外境."
68 같은 책, p.821. "舊問. 作何方便 除得妄想及以習氣? 答. 妄想起不覺, 名生死. 覺竟不隨妄想作業. 不取不住, 念念卽是解脫般若."

끊는 것이다. 그러므로 정견을 결택하는 언교(言敎)와 정리(正理)를 학습하는 것은 단지 언설 속에 표류할 뿐이다〉라고."[69]

선종의 이러한 마음방식 행법은, '무아/공의 관점을 수립하여 적용해 가고 마음을 집중해 가다 보면 무명범주에서 탈출할 것이다'라고 생각하는 기존의 선관(禪觀)에 몸담은 까말라씰라 등의 전통시 선으로서는, 이해하기도 어렵고 인정하기는 더욱 힘든 새로운 선관이었다. 그러므로 티베트 논쟁은, 사마타 행법을 마음집중으로 간주하면서 이해수행을 중심축으로 삼는 '이해방식 수행'의 전통과, 정학과 사마타 내지 선 수행에 대한 새로운 관점인 선종의 '마음방식 수행'의 차이가 조우하여 소통의 어려움을 겪은 담론이다.

3. 티베트 돈점논쟁의 의미와 전망

선종의 마음방식 행법으로 보면 이렇게 말할 수 있다;

〈존재환각을 전제로 형성된 마음범주/계열/문법 '안에서' 마음범주에 의한 왜곡과 오염을 수습하려는 모든 구도의 행법은, '차츰차츰/점차로/차례대로/단계적'이라 할 수 있는 개량적 개선이다(漸). 그것은 마음의 환각적 전제가 보존된 채 성취되는 향상이라는 점에서, 아무리 수준 높은 것일지라도 여전히 실재 왜곡과 오염의 범주 안에 놓여 있다. 반면 그 마음범주의 지평/계열/체계/문법을 붙들지 않고 그것에 빠져들지 않는 마음국면은, '단박에/몰록/단번에/한꺼번에/갑자기'라 할 수 있는 '통째로 빠져나옴'이다(頓). 이 통째적 국면전환과 자리바꿈은 실재를 왜곡/오염

69 『수습차제연구』, 위의 책, p.157.

하는 마음의 전제인 존재환각 자체를 거세 내지 무효화시키는 조건이므로, 계열의 비연속적 국면이고, 범주이탈적 자리바꿈이며, 지평의 통째적 전의(轉依)로서, 돈오라 부르는 것이 적절하다.〉
티베트 논쟁을 점문(漸門)과 돈문(頓門)의 대립이라 부를 수 있는 근거는 여기에서 찾아야 할 것이다.

이렇게 보면 티베트 논쟁의 성격에 관한 종래의 시선은 조정할 필요가 있다. 수행과 깨달음에 관한 선종과 인도불교 유가행중관파의 상이한 시선이 맞닥뜨린 티베트 논쟁은, 돈문(頓門)과 점문(漸門)의 충돌이라기보다는, 선(禪)수행에 관한 전통적 시선과 새로운 시선이 조우하여 끝내 소통하지 못한 선 수행 담론으로 보는 것이 더 적절하다. 이 논쟁에서 주목해야 할 것은, 돈(頓)이냐 점(漸)이냐의 문제보다는 양 진영의 상이한 선관(禪觀)이다. 돈·점의 문제는 선 수행을 이해하는 선종의 새로운 시선에 수반하여 발생한 문제인 것이다. 티베트 논쟁은 선관(禪觀)의 문제가 주(主)/본(本)이고, 돈점의 문제는 그에 수반된 종(從)/말(末)이라 보아야 적절할 것이다.

티베트 논쟁의 초점과 의미를 이렇게 파악하는 것은 선종 선사상의 정체성이 무엇인가를 묻는 것과 직결된다. 선종 선사상에 대한 학계나 교계의 이해를 근본적으로 재검토할 수 있는 강력한 근거가 되기 때문이다. 종래 선종 선사상을 읽는 코드로서는 크게 세 유형이 부각되어 있다. 신비주의(Mysticism) 코드, 불성(佛性) 코드, 그리고 공(空)사상 코드가 그것이다. 이 문제는 여기서 상론하지 않는다.

필자는 선사상에 대한 교계와 학계의 관점 가운데 상당 부분이 비판적으로 재검토되어야 한다는 시각을 지니고 있다. 이 문제는 그러한 비판 작업의 향후 전개과정에서 다루어 볼 것이다. 특히 일본

불교의 학계와 교계가 전파하고 있는 선학과 참선에 대한 관점들은 근원에서부터 비판적으로 재검토할 필요가 있어 보인다. 티베트 논쟁을 두 가지 상이한 선관(禪觀)의 충돌로 읽고, 마하연이 제기하는 선종 선사상의 정체성을 '이해방식과 대비되는, 또한 집중이 아닌, 마음방식의 선관'으로 포착하는 것은, 선종 선사상의 핵심과 정체성이 무엇인가를 탐구하는 데 있어서 새로운 단서로 채택될 수 있을 것이다.

제12장 퇴옹 성철의 돈오돈수론과 선禪 수행 담론
―선禪 수행론의 두 가지 쟁점담론과 관련하여

1. 선禪 수행 담론과 퇴옹 읽기

어떤 주제에 관한 이해나 관점이 체계적으로 개진되고 동일 주제에 관한 진술의 차이들이 여러 형태로 상호작용하는 것을 담론(談論)이라고 부른다면, 불교 언어의 계보 속에도 중요한 담론들을 목격할 수 있다. 특히 연기(緣起)를 이해하는 관점의 해석학적 차이들과 관련된 연기 담론, 사마타와 위빠사나의 의미 및 관계에 관한 지관(止觀) 담론, 공(空)/진여에 접근하는 중관적 방식과 유식적 방식의 차이에 관한 공(空)·유(有) 담론, 깨달음 구현방식에 관한 점문(漸門)과 돈문(頓門)의 시선 차이에 관한 돈점 담론 등은 대표적인 불교의 내부담론들이다. 그리고 이 담론들은 모두 궁극적 진리를 겨냥한다는 점에서 전형적인 진리담론이다.

퇴옹 성철(退翁 性徹)의 돈오점수 비판과 돈오돈수 천명도 진리담론으로서의 선(禪)수행 담론이다. 그것도 매우 논쟁적이고 근원적인 선(禪)수행 담론이다. 또한 여기에는 불교 내부의 여러 진리담론들이 직, 간접으로 계승되고 얽혀 있다. 따라서 돈점론 및 퇴옹의 돈오돈수 천명이 지니는 내용과 의미를 제대로 포착하기 위해서는, 불교의 담론계보와 개별 담론들의 상호관계를 고려하는 거시적 접근과, 개별 담론의 내부쟁점을 분석해 가는 미시적 접근이, 동시에 진행될 필요가 있다.

불교 내부의 진리담론을 다룰 때는, 비록 담론들 사이에 실재하기 마련인 타당성과 수준 차이에 관한 판정 문제를 외면할 수 없지만, 우열 평가적 충동은 가급적 유보하거나 자제해야 할 필요도 충분히 고려되어야 한다. 돈점 담론을 다룰 때는 특히 그러하다. 돈문과 점문, 돈오점수와 돈오돈수의 우열을 판정하려는 관심으로 문헌적/역사적 논거들을 채집하는 방식은 한계가 분명하다. 자칫 자폐적이고 자위적인 배타적 분열담론으로 전락하여, 진리담론의 순기능인 '진리 구현에 기여하는 상호적 작용'을 어렵게 만들기 때문이다. 강렬하고도 논쟁적인 퇴옹의 돈오돈수론이 내뿜는 열기에 흡인된 나머지, 찬반의 입장을 선택하려는 태도로 돈점논쟁을 다룬다면, 진리담론을 계승해 가기 어려운 소모적 논란이 되고 만다.

퇴옹의 돈오돈수론은 강한 선(禪) 수행 담론이다. 이 담론에는 선 수행 담론의 핵심쟁점들이 모두 얽혀 있는데, 필자는 돈점 담론 및 퇴옹의 선 수행 담론 모두에서 토대가 되고 있는 두 가지 쟁점담론을 주목한다. 하나는 '이해방식 수행과 마음방식 수행의 차이에 관한 담론'이고, 다른 하나는 '돈오 범주에 관한 담론'이다. '이해방식 수행과 마음방식 수행의 차이에 관한 담론'에 대해서는 앞에서 다루었다. 여기서는 '돈오 범주에 관한 담론'을 살펴 본 후, 이 두 가지 선 수행 담론이 퇴옹의 돈오돈수론과 어떤 연관을 맺고 있는가를 음미할 것이다.

2. 선禪 수행과 돈오 범주에 관한 담론

이미 살펴본 대로 티베트 돈점논쟁에서는 선 수행을 보는 '이해방식의 전통적 시선'과 '마음방식에 관한 선종의 시선'이 충돌하여 상호 불통하고 있다. 그런데 돈점사상사에서는 또 다른 쟁점이 목격된다. '돈오는 단계적 분증(分證)인가, 단박의 일회적 전증(全證)인가?'의 문제가 그것이다. 이것을 '돈오 범주에 관한 담론'이라고 불러 본다.

선 수행에 관한 선종의 시선이 '마음범주에서의 지평/계열/체계/문법 차원의 통째적 자리바꿈(轉依)'이라면, 그리고 그 국면전환을 '돈오'라 부른다면, 돈오는 더 이상의 단계적/점차적 진행이 필요 없는 단박의 전증(全證)으로 보일 것이다. 그러나 선종 돈오문(頓悟門)의 현장과 문헌에서는 '돈오 이후의 수행'(悟後保任)에 관한 체험적 증언과 주장들(돈오점수 유형)이 누적되어 있다. 퇴옹은 지눌의 돈오점수를 비판하면서 더 이상의 분증(分證)이 필요 없는 완결된 구경각(究竟覺)으로서의 돈오돈수를 역설하고 있다는 점에서, 그의 돈오돈수론은 전형적인 '돈오 범주의 담론'으로 보이기 쉽다. 그러나 퇴옹의 돈점 담론은, '이해방식과 마음방식의 차이담론'과 '돈오 범주의 담론'이 결합되어 있는 복합담론이다. 이 점은 다시 거론할 것이다.

동아시아 돈점 담론의 효시라 할 도생(竺道生, 약 372-434) 및 그 시대의 돈오론은 전반적으로 '돈오 범주의 담론'으로 보인다. 이 돈

오 담론에서 분증(分證)의 돈오는 소돈오(小頓悟), 전증(全證)의 돈오
는 대돈오(大頓悟)라 불렸으며, 도생은 전증의 돈오를 주장한 것으로
보인다.

"육조(六朝)시대의 장소(章疏)는 돈(頓)을 대(大)와 소(小)로 나눈다. 혜
달의『조론소』에서는 〈돈오에 두 가지 해석이 있으니, 축도생은 대돈오
(大頓悟)를 잡고 있고 지도림, 도안, 혜원, 타 법사(埵 法師), 승조는 모두
소돈오(小頓悟)에 속한다〉고 하였다. 수나라 석 법사(碩 法師)의『삼론
유의의』역시 이렇게 말한다. 〈소돈오를 주장하고 있는 법사에 육가(六
家)가 있다. 첫째 승조 법사, 둘째 지도림 법사, 셋째 진안 타(眞安 埵) 법
사, 넷째 사통(邪通) 법사, 다섯째 여산의 혜원 법사, 여섯째 도안 법사이
다. 이 법사들은 '칠지(七地) 이상에서 무생법인(無生法忍)을 깨닫는다'
고 말한다. 축도생 법사는 대돈오의 뜻을 주장하기 때문에 금강지(金剛
地) 이전은 모두 대몽(大夢)이고 금강지 이후는 모두 대각(大覺)이라고
했다.〉"[70]

"도생 이전에 점과 돈 두 글자는 늘 경권에 보이는데, 동진(東晋) 시기에
는 십주(十住)와 삼승의 설을 연구했기 때문에 돈오의 설이 있게 되었다.
남제(南齊)의 유규의『무량의경서(無量義經序)』에 따르면, 돈과 점의 변
별은 지도림과 도안으로부터 시작되었다.『세설신어, 문학편주』에서는
이렇게 말한다. 〈『지법사전(支法師傳)』에서는 '법사가 십지를 연구했는
데 칠주(七住)에서 돈오를 알았다'고 하였다.〉 … 지도림 등은 경문에 근
거해 칠지에서 번뇌가 소진하여 처음으로 무생을 본다고 함으로써 돈오
가 칠주에서 존재한다고 여겼으며, 그래서 구경에서 체를 증득하려면 세
개의 지위를 닦아 나가야 했다."[71]

---

70 『한위양진남북조 불교사(漢魏兩晉南北朝 佛敎史)』3[탕용동(湯用彤) 지음,
   장순용 옮김, 학고방, 2014], pp.1166-1167.

"혜달의『조론소』에서는 도생의 종지를 이렇게 서술하고 있다. 〈돈오에 대해서는 양자의 해석이 동일하지 않다. 첫째는 축도생 법사의 대돈오이다. 무릇 돈이라 칭하는 것은, 이(理)는 분리할 수 없고 깨달음은 극조(極照)를 말함을 밝히는 것이다. 불이(不二)의 깨달음으로 분리할 수 없는 이(理)에 부합해서 이(理)와 지(智)를 (?)석(釋)하는 것을 돈오라 한다.〉 … 도생은 십지 이후에 대오가 있다고 주장했는데, 길장의『이제의(二諦義)』에서 그 말을 인용했다. … 〈생사로부터 금강심에 이르기까지가 다 꿈이며, 금강 후의 마음이 활연히 대오하면 다시 보는 바가 없다.〉"[72]

"(혜달의『조론소』에 인용된 혜관의 말) 석혜관 법사는 점오설을 주장했기 때문에 이렇게 비유하여 말했다. '낙양의 숭산에서 출발하여 남쪽 형양의 형상으로 가는데, 백 리의 산길은 마치 구름 속 봉우리 같아서 새벽에 길을 떠나 험준한 산속을 유행(遊行)하며 밟아 나갔다. 오늘 발심하여 남쪽을 향하는데, 천자의 구계(九階)는 있는 듯이 보이고 수행의 십주(十住)는 보이는 산이 되고 위대한 행위는 유행하며 밟아 나가는 것이 된다. 만약 발로 비유한다면 남쪽을 가고 있지만 도달하지는 못했고, 눈으로 말한다면 보기는 하지만 분명하지 못하다. 하지만 종지를 변론하는 변종자(辯宗者)는 발을 얻은 것을 오도(五度; 보시/지계/인욕/정진/선정 바라밀)를 이루었다고 생각하며, 점오(漸悟)를 주장하는 자는 눈으로 본 것을 반야로 여긴다. 남쪽으로 가서 얻으려고 한 뜻은 특수하니, 마치 손이 트는 것을 치료하는 약처럼 사용하는 방식에 따라 기능이 다른 것이다.'"[73]

돈점론의 일차적 쟁점은 '돈'과 '점'의 구획기준이다. '시간'과 '범주/차원'이라는 두 기준이 역사적 돈점론에는 뒤섞여 있다. 그리

고 돈점론적 통찰은 시간보다는 범주/차원/지평/계열의 문제로 포착하는 것이 더 적절하다. 범주적 돈오라 해도 현실적으로 시간에 연루되지 않을 수 없다는 점에서 시간의 문제와 무관하다고는 할 수 없지만, 돈점론의 철학적 의미는 '범주/차원/지평/계열의 통째적 전의(轉依)'에 초점을 맞추어 그 의미를 읽어 내는 것이 적절하다. 문제는, 혜학적 돈오이든 정학적 돈오이든, '범주/차원에 연관된 돈오'를 수행의 핵심으로 인정하여 선택하고 있는 사람들 내부에서 다시 돈과 점이 갈린다는 것이다. 돈오 이후의 점차적 수행이 필요하다는 입장은 '분증(分證)의 돈오'를 주장하는 것이며, 이 경우 점차적 수행은 시간과 연루되는 문제이므로 분증과 전증 사이를 메워야 할 '돈오적 점수'와 그에 필요한 시간을 설정하게 된다. 이에 비해 돈오 이후에는 더 이상의 점수가 있을 수 없다는 입장은 '전증(全證)의 돈오'를 주장하는 것이며, 향상을 위한 시간의 필요성을 인정하지 않는다.

'전증(全證)이라야 돈오'라는 관점은, 분증과 전증의 경계선으로써 돈오 여부를 구획하려는 것이다. 이러한 관점은 돈오와 비(非)돈오의 경계를 마치 빛과 어두움의 차이로 생각하는 것으로 보인다. 도생처럼 '이(理)를 알면 곧 전리(全理)'라는 시선이 그 전형이다. '범주/지평/계열 차원의 전의(轉依)'로서의 돈오 국면은 어두움에서 밝음으로 바뀐 것처럼 비연속적 변화이다. 그러나 빛과 어두움의 비유와 같은 불연속적 전환은, 철학적 의미로는 그대로 유효하지만, 실존 현장에서는 고스란히 적용하기가 어렵다. 수행 현장을 보거나 역사적 증언을 보더라도, 돈오를 곧장 전증의 궁극경지(究竟覺)와 동일시하기는 어렵다. 돈오와 구경각 사이의 중간지대가 존재한다고 보는 것이 수행의 실제와 현실에 부응하는 것으로 보인다.

이 중간지대에는 '분별문법에서 통째로 빠져나온 국면/자리를 지속적으로 간수해 갈 수 있는 정도나 수준의 편차'들이 배열되어 있다. 돈오의 '통째로 빠져나옴/휘말리지 않음'이 선명하고 강할수록 그 국면을 지속시켜 가기도 용이할 것이다. '휘말려 들어감과 휘말리지 않음'의 분기점과 차이가 직접 체험으로 지각(揀別)되지만, 방심하는 순간 또다시 마음범주 분별문법의 소용돌이에 빠져 버리는 경우가 대부분의 현실일 것이다. 그렇게 놓쳤다가도 언제든지 반조하여(정지정념으로 알아차려, 화두 국면을 챙겨) 분별하는 마음범주에 '말려들지 않는 국면/자리'를 다시 확보할 수 있는 정도의 돈오가, 아마도 돈오와 구경각 사이 그 중간지대의 대부분을 차지할 것이다. 문득 '통째로 빠져나온 국면'을 챙긴 사람이라 해도, 그 빠져나옴의 선명도와 강도가 아직 미흡하여, 방심하면 곧 빠져들고 챙기면 곧 다시 빠져나오는 정도의 돈오가 일반 유형일 것이다. 그러나 일단 '통째로 빠져나오는 국면'을 열고 그 자리를 확보할 수 있다는 점에서는, 모두가 돈오로서의 동일한 정체성을 지닌 '돈오 군(群)'에 속한다.

선문(禪門) 전통에서 본분종사(本分宗師)로 평가되는 분들도 돈오 이후의 수행 노력을 역설하는 경우가 많고, 간화선을 집대성한 대혜 선사 역시 오매일여(寤寐一如)로까지 나아가야 함을 설하는 동시에 돈오 이후 돈오에 의거한 점수라 할 수 있는 오후보임(悟後保任)의 필요성을 설한다. 선종 내부의 이러한 역사적 사례들을 감안하면, 돈오의 범주 문제는 두 가지로 나누어 생각하는 것이 가능하다고 생각한다. 하나는 철학적 지평이고, 다른 하나는 현실적 지평이다. 철학적 지평으로서의 돈오는, 중간지대를 설정할 필요가 없는 단박의 불연속적 전환이다. 마치 어두운 방에서 밝은 마당으로 나가는 것과 같은, 중간 영역이 없는 변화로 설명해도 적절하다. 그러나 현실적 지평에서의 돈오는, 동일한 정체성을 지닌 다양한 수준의 돈오들이 그 좌표와 위상을 달리하면서 배열해 있는 범주가 있다고 보는 것이 타당하지 않을까? 돈오 지평에 올라선 다양한 돈오 군(群)이 배열된 '돈오 범주의 영역/지대(地帶)/폭'을 설정하는 것이 수행현실에 더욱 적합할 것이다.

3. 퇴옹의 돈오돈수론과 선 수행 담론

퇴옹의 돈오돈수론에는 두 가지 담론이 얽혀 있는데, '해오(解悟)비판 담론'과 '분증(分證)비판 담론'이 그것이다. 퇴옹이 역설하는 증오(證悟)담론은 해오비판 담론과 분증비판 담론이 모두 수렴되는 곳이다. 해오와 분증의 허물과 한계가 모두 극복된 증오를 천명하는 것이 퇴옹의 돈오돈수론이다. 『선문정로』의 다음과 같은 천명은 퇴옹 돈오돈수 담론의 요점을 압축하고 있다. 앞서 이미 인용한 내용이지만, 이해를 돕기 위해 다시 한번 인용한다.

"大抵 解와 證은 상반된 입장에 있으니, 解는 始初요 證은 終極이다. 사량분별의 妄識 중에서 性相을 명백히 了解하는 佛法知見을 解悟라 하고, 妄識이 永滅하여 知見이 蕩盡되어 究竟의 玄極處에 도달함을 證悟라 한다. 이 증오를 教家에서는 각종으로 분류하나 선문의 증오는 圓證뿐이다. 교가에서는 信·解·修·證의 원칙 하에 해오에서 始發하여 三賢 十聖의 諸位를 經歷修行하여 終極인 증오 즉 妙覺에 漸入한다. 그러나 선문의 悟인 見性은 現證圓通한 究竟覺이므로, 分證과 解悟를 부정하고 三賢 十聖을 초월하여 무여열반의 無心地인 證悟에 直入함을 철칙으로 하니 이것이 선문에서 高唱하는 一超直入如來地이다. 따라서 諸聖의 分證도 微細知解에 속하여 견성이 아니다. 그뿐만 아니라 추호의 知解가 잔류하여도 證悟치 못하고 일체의 知見解會가 철저 탕진되어야 견성하게 되므로

144

分證과 解悟를 修道上의 一大障碍 즉 解碍라 하여 절대 배제하는 바이다. 이것이 禪敎의 상반된 입장이며 선문의 특징인 동시에 명맥이니, 玉石을 혼동하여 後學을 의혹하게 하면 佛祖의 慧命을 단절하는 중대과오를 범하게 된다."[74]

퇴옹의 돈오돈수론은 앞서 음미한 두 가지 선 수행담론이 결합되어 있는 것으로 보인다. 지눌의 화엄적 해오(解悟)를 지적 이해(知解)로 규정하며 단호하게 비판하는 해오비판 담론은 '이해방식과 마음방식의 차이담론'을 계승하고 있고, 그 어떤 분증(分證)도 돈오로 인정하지 않고 오직 '삼관(三關; 動靜一如/夢中一如/熟眠一如)'을 돌파한 전증(全證)만을 돈오로 인정하는 분증비판 담론은 '돈오 범주에 관한 담론'에 해당한다.

지눌은 돈오/해오를 화엄교학으로 설명하면서 선교일치와 돈오점수의 이론체계를 수립하는 동시에 '지해(知解)의 장애와 한계(解碍)'를 반조 및 간화선으로 치유하려는 데 비해, 퇴옹은 '해오로서의 돈오=지해=교=화엄'이라는 명제로써 돈오점수를 비판한다. 지눌이 선문에 화엄을 받아들여 화엄과 선의 공존과 종합을 지향한다면, 퇴옹은 양자의 양립불가를 천명하며 선문에서 화엄의 흔적을 지우려한다. 따라서 지눌과 퇴옹의 돈점담론은 이러한 문제를 제기하고 있다. 〈지눌은 화엄적 해오(圓頓信解/稱性圓談/華嚴禪)가 지적 이해의 장애와 한계(解碍)를 안고 있다는 것을 스스로 인정하면서도 왜 굳이 선문 안에 화엄적 해오를 포함시키려 하는 것이며, 퇴옹은 왜 그토록 배타적으로 보일 정도의 단호한 태도로 화엄적 해오를 선문에서

제 12 장 퇴옹 성철의 돈오돈수론과 선 수행 담론

---

[74] 같은 책, pp.28-29.

축출하려는 것인가?〉

생각건대, 지눌은 지적/논리적 성찰과 깨달음과의 상관성을 긍정적/적극적으로 평가하는 것으로 보인다. 비록 아직 개념 환각의 범주 안에 놓여 있는 지적 성찰(분별지)일지라도, 그 지적 성찰이 분별범주의 탈출에 기여하는 조건이 될 수 있다는 점을 주목하는 것이다. 이러한 태도는 여실한 관찰/사유를 무분별지의 토대로 간주하는 까말라씰라나 쫑카빠의 관점과 그 맥락을 같이한다.

> "그러므로 여실히 관찰(사유)토록 하라. 그것이 비록 분별의 체성이 될지라도 또한 여리작의(如理作意)의 본성이 되는 까닭에, 이로 말미암아 무분별지가 발생하는 것이다. 그러므로 이 무분별지를 얻고자 하면 반드시 여실한 관찰(사유)에 의지해야 한다."[75]

> "『보적경(寶積經)』「가섭문품(迦葉問品)」에서 〈가섭이여, 여실한 분별이 있게 되면 성스러운 혜근(慧根)이 발생하고, 그 성스러운 혜근이 발생해서는 그 여실한 분별마저도 태워 버린다〉라고 한 것은, 여실한 분별로 인해서 성스러운 반야의 지혜가 출생하는 것임을 설한 것이다. …『수습차제』중편에서도 〈그가 그와 같이 반야로써 여실히 관찰해서 어느 때 유가사가 일체 사물의 자성을 승의 상에서 분명히 미집하지 않는 그때, 비로소 무분별정(無分別定)에 들어가고, 일체법의 무자성성(無自性性)을 역시 깨닫게 된다. 만약 반야로써 사물의 자성을 여실히 관찰해서 닦지 않고, 단지 작의의 버림만을 오로지 닦는 것은, 그의 분별도 영원히 제멸하지 못하며 무자성성도 영원히 깨닫지 못하는 것이니, 왜냐하면 지혜의 광명이 없기 때문이다〉라고 설했다."[76]

---

75 같은 책, p.398.
76 같은 책, p.163.

실재(如實)에 상응하는 지적/논리적 이해와 성찰은, 비록 아직은 분별지 범주 안에서 수립된 것일지라도, 실재를 왜곡하는 이해와 마음범주를 치유하고 그로부터 탈출하는 데 유효한 조건이 될 수 있다. 마치 무명의 그늘에 놓인 의근(意根)이 자기한계를 초월하여 명지(明知)의 해탈지평을 여는 것처럼, 개념 환각의 어두움을 잉태한 이성/사유/분별도 실재에 상응하는 성찰을 일으켜 무분별 진여지평을 여는 데 기여하는 조건이 될 수 있다. 이성이 스스로 반성과 비판을 통해 자기한계를 치유해 가는, '이성의 자기치유와 자기초월 기능'과도 유사한 것이다. 이러한 이성/사유/분별의 자기치유와 자기초월이 불가능하다면, 무명 중생의 해탈은 사실상 불가능하다. 지눌의 해오적 돈오는 지적 능력의 자기치유 및 자기초월 면모를 주목하는 것으로서 '이해방식 수행'의 역할과 필요성을 적극 수용하는 것이다. 또한 이미 살펴본 것처럼 지눌의 돈오는 이해방식 수행과 마음방식 수행을 모두 안고 있다.

퇴옹은 '이성/분별의 자기치유 및 자기초월 면모'보다 '지적/논리적 이해 및 이지적 성찰의 한계'를 더 주목한다. 동시에 이해방식 수행과 대비되는 선종의 마음방식 수행을 대안으로 제시한다. 특히 선종의 내부에서도 선 수행을 이해방식으로 소화하고 돈오마저 이해방식 행법의 연장선에서 파악하는 경향성이 만연해 있다는 것이, 퇴옹의 심각한 우려였던 것으로 보인다. 또한, 마치 까말라씰라가 마하연의 간심(看心) 행법을 전혀 소화하지 못하는 것처럼, 선종 본연의 마음방식 행법을 내부 구성원들조차 이해하지 못하고 오히려 이해방식 행법으로 변질시켜 버리고 있다는 것이, 퇴옹의 절박한 문제의식이었던 것으로 보인다. 그리하여 퇴옹은 교가(教家)와 화엄 원돈신해문 및 돈오점수의 행법을 이해방식 수행으로 규정하는 동시에, 마음방식 수행은 선문(禪門)의 돈오돈수와 간화문에서 보존되어 있고 그것이 선종 고유의 행법이라고 천명함으로써, 양자를 차이를 분명히 하려고 한다.

　　돈오점수와 돈오돈수의 넘나들 수 없는 경계선을 선명하게 획정하고, 선문 안에 돈오점수적 화엄선과 돈오돈수적 공안선이 결코 공존/양립할 수 없음을 분명히 하는 퇴옹의 태도는, 이해방식 행법과 마음방식 행법의 차이담론에 관한 퇴옹의 입장천명인 셈이다. 다문지해(多聞知解)와 광학다문(廣學多聞)은 깨달음의 장애일 뿐이니 오직 공안을 참구하는 간화문에 의지하라는 퇴옹의 '언어/지성/사유/성찰 부정적 언사'가, 일체의 언어적 사유와 지적 성찰의 무용론을 천명하는 것이 아님은 분명하다. 『백일법문』은 퇴옹 자신이 얼마나 불학(佛學)에 대한 지적/언어적 탐구에 선구적으로 몰두하였는지, 또 그 탐구가 얼마나 그의 선문 행보에 유익하게 기여하고 있는지, 아울러 그 탐구 성과를 그가 얼마나 선문 길안내에 요긴하게 활용하고 있는지를 단적으로 증언한다. 퇴옹의 언어 부정적 태도는 이해방식 행법과 마음방식 행법의 차이를 분명히 하려는 작업가설적 선택이었다고 보는 것이 적절할 것이다.

　　일체의 분증(分證)을 돈오에서 배제하려는 퇴옹의 태도는 분명 '돈오 범주에 관한 담론'으로 보인다. 분증과 전증의 경계선으로써 돈오 여부를 구획하는 돈오돈수론은, 돈오의 철학적 지평과 현실적 지평을 하나로 결합시키는 것으로 보이기 쉽다. 만약 퇴옹의 돈오돈수론이 그러한 의미라면, '퇴옹은 과연 그런 돈오를 체득했기에 그런 주장을 하는가?'라는 질문과 '그에 대해 퇴옹은 어떤 대답을 할까?'라는 관심을 갖게 되는 것도 자연스럽다. 사실, 비록 노골적으로 드러내지는 않아도, 퇴옹의 돈오돈수론을 지지하건 비판하건, 많은 학인들이 내심 이러한 궁금증을 품고 있을 것이다.

그런데 퇴옹의 돈오돈수론은 한국 선종의 내부 구성원들이 보여 주는 수행현실의 문제점과 연관되어 있을 가능성을 간과하지 말아야 할 것으로 보인다. 간화문 참구에서 '돈오적(頓悟的)'이라 할 만한 마음국면의 획기적 전환을 직접 체험한 학인들이 드물지 않게 보여 주는 허세의 자만과 과장, 착각의 발호(跋扈)를 제어하려는 '문제 치유적 선택'이, 돈오돈수 천명과 연관된 것으로 보인다. 지금도 간화문 참구 현장에서는 초점에서 빗나간 마음방식 행법, 유사(類似) 돈오적 체험, 근거 이상의 허세와 자만, 체험을 위세의 토대로 삼는 변종 권력욕, 승부 겨루듯 언구를 주고받으며 우쭐대는 인가(認可) 욕망의 비루한 세속성 등, 다양한 병리현상이 곧잘 횡행한다. 퇴옹의 철저한 돈오돈수론은 이러한 병리현상들에 대한 치유적 선택이었을 수 있다.

'삼관(三關) 돌파'며 '돈오돈수적 완결'이라는 지침은, 사이비 돈오의 병리현상들, 돈오와 구경각의 중간지대에서 방심하거나 안주하는 자들에게는, 장군죽비의 경책이다. '다시는 무명분별 마음계열에 빠져들지 않는' 돈오, '더 이상 애쓰지 않아도 휘말리지 않고, 지키려 하지 않아도 저절로 환하게 드러나는' 구경의 돈오, 그리하여 명지(明知)가 밝아져 열반/해탈 지평에 오르는 궁극처에 이를 때까지, 겸허하게 행보를 거듭하게 하는 경적을 울리고 이정표를 세우려고 한 것이, 돈오돈수론을 천명하는 퇴옹의 의중 한 자락일 수 있다. 만약 그렇다면 퇴옹의 '돈오 범주에 관한 담론'은 선불교 내부의 현실 문제를 겨냥한 실용주의적 선택으로 볼 수 있을 것이다.

그러나 돈오돈수론의 배경과 성격을 이처럼 '선문 현장의 문제 해결을 위한 선택'으로 이해할 수 있다고 해도, 일체의 해오(解悟)와 점수(漸修) 및 분증(分證)을 무시하고 '오직 화두 의심으로 삼관을 돌파하여 구경각인 증오(證悟)를 성취해야만 돈오'라는 식의 돈오 정의(定義)는, 지나치게 과격한 단순화일 수 있다. 돈오를 '구경각인 증오(證悟)'로 정의해 버리면, 돈오와 구경각의 중간지대가 사라진다. 그리고 이 중간지대를 제거해 버리면, 분별마음의 지평/계열/문법에서 '통째로 빠져나옴' '거기에 휘말려 들지 않음'이라는, 선종의 마음방식 행법이 지닌 고유의 정체성과 지위가 부당하게 제한되거나 불투명해져서, 돈오의 수행론적 의의와 가치가 희석되거나 묻혀 버린다. 그 결과, 수행 차제(次第)에서 돈오 국면의 위상을 거론하는 돈점론적 통찰의 의미와 가치가 증발해 버릴 위험성이 있다. 퇴옹의 돈오돈수론에서는, 돈오 지평 위의 다양한 돈오 군(群)이 배열된 '돈오 범주의 영역/지대/폭'을 수용할 수 있는 언어적 공간이 필요해 보인다.

4. 과제와 전망

해탈수행의 과정에서 돈오(혜학적 돈오와 정학적 돈오) 국면의 존재와 그에 대한 포착의 필요성을 밝히는 돈점론은, 그 전개과정에서 두 가지 중요한 담론을 생성해 내었다. '이해방식 행법과 마음방식 행법의 차이담론'과 '돈오 범주에 관한 담론'이 그것이다. 이 두 유형의 담론은 돈점론의 역사에서 뒤섞여 있어 그에 대한 식별이 필요하다. 돈점론을 둘러싼 불필요한 불화와 오해들은 이 두 담론유형의 식별적 이해를 통해 해소될 수 있다.

돈점론의 전개과정에서 대두한 이 두 유형의 담론은, 니까야/아함이 전하는 붓다의 해탈수행론과 사상을 탐구하는 데 중요한 역할을 한다고 생각한다. 특히 정학 내지 선 수행에 관한 붓다의 본의

(本意)를 포착하고 드러내는 데 결정적 기여를 한다고 생각한다. 이러한 관점을 지속적으로 가다듬어 가면서 피력해 보는 것이 필자의 궁극적 관심사이기도 하다.

퇴옹의 돈오돈수론은, 돈점사상의 전개과정에서 축적된 이 두 가지 진리담론을 퇴옹 자신이 대면한 현실의 문제를 염두에 두면서 종합적으로 재구성하고 있다. 퇴옹의 돈오돈수론 및 그로 인해 촉발된 학계의 돈점논쟁은 이러한 두 가지 진리담론을 밑그림으로 삼아 읽을 때 보다 온전한 의미와 가치가 포착될 수 있다. 지눌의 사상 역시 마찬가지이다. 또한 지눌과 퇴옹의 시선 차이도 보다 깊이 있게, 그리고 '지금 여기'의 관심과 문제에 접속시키면서 읽을 수 있는 길이 열린다.

퇴옹이 수호하려는 선종의 마음방식 행법과 그 정학적 돈오는, 붓다의 정학과 선 수행에 대한 일반적 이해에서 간과되어 온 새로운 초점과 오의(奧義)를 복원시켜 준다고 생각한다. 퇴옹은 이 선종의 마음방식 행법이 오해되고 쇠잔해 가는 것을 못내 안타까워하면서 그 수호와 복원에 전심전력을 기울였던 것으로 보인다. 그가 몸으로 계승하고 익힌 마음방식 행법은 간화문이었기에, 마음방식 행법을 드러내는 그의 언어는 『본지풍광(本地風光)』유(類)의 격외언구가 주된 방식이다. 퇴옹의 선어(禪語)는, 마음방식의 행법과 정학적 돈오를 담아내고 유통시키기 위한 선문(禪門)의 언어적 시도 가운데서도 '말기 유형'에 해당하는 언어방식이다. 마음방식 행법의 맥락 안에서 구사하는 선지(禪指) 굴리기가, 꼬일 대로 꼬이고, 고도화될 대로 고도화된 방식들이다. 혜능이나 그의 1세대 후학들의 언어와는 현저히 구별되는 방식을 구사하고 있다.

왜 그렇게 변했는가? '분별 계열에 빠져들지 않는 마음국면'을 담아내고, 또 그 국면으로 이끌어 들이려는 선종의 언어를 '논리적 총명에 의한 이해 방식'으로 소화하려는 시도들이 줄기차게 이어지자, 선종 내부에서는 그 이해방식 시도들을 제어하면서 선어(禪語) 본래의 지평과 맥락을 보호할 수 있는 새로운 방식의 언어들이 누적적으로 발전한다. 이것이 후기 선종으로 갈수록 선지(禪指) 굴리는 언어방식이 복잡하게 꼬이고 특수한 방식으로 고도화되어 간 이유의 핵심이라고 생각한다.

이러한 후기 선어의 양상은 소기의 목적을 달성하는 동시에 예기치 않은 부작용도 초래하였다. 지적 이해를 비껴가는 격외선지 방식들은 선에 대한 부적절한 신비주의적 인상을 불러일으켰고, 남들 모르는 경지를 알고 있다며 행세하기 위해 난해한 언구들만 골라 허세 부리려는 도인병의 단초를 마련하기도 하였으며, 흉내 내기의 사이비성과 적통(嫡統)을 분간하기 어렵게 만들기도 하였고, 구도의 기초인 합리적 성찰과 지성능력의 경시현상을 초래하기도 하였다. 마음방식 행법을 이해방식 행법과 분간하여 그 고유성을 지키려는 선종의 고심과 노력 및 성취는 분명 유례를 찾기 어려울 정도로 창발적이며 탁월한 것이다. 그러나 이제는 선종 언어가 품고 있는 그 독특한 이력을 제한적으로 계승할 필요가 있다. 선종 말기의 언어방식만이 마치 선(禪)의 생명력이나 최고경지를 드러내는 유일한 방식으로 간주하여 '무조건적'으로 추앙하는 것은 재고되어야 할 것으로 보인다. 선종 특유의 언어방식에 대한 선호와 열정이 자칫 자폐적인 자기완결에 갇히게 되면, 선종이 품은 위대한 보물과 기여능력은 오히려 훼손될 것이며, 기껏해야 전시용으로 박물화(博物化)될 것이다.

한국을 비롯하여 현대 동북아시아의 선학(禪學)이나 선종의 구성원들은 선종이나 선(禪)사상에 대해 이미 충분히 그리고 정확히 알고 있다고 간주하는 경향이 있다. 특히 간화선 전통을 실참실구(實參實究)하면서 계승하고 있는 한국 선불교 구성원들에서는 그런 경향이 뚜렷하다. 그러나 선종의 언어와 사상에 대한 현대 학인들의 이해는 근원에서부터 다시 들추어 보아야 할 대목이 많아 보인다. 선종의 내부 구성원들이 선종 선학에 대해 지니는 근거 없는 자만이나 선입견 내지 오해야말로 선종에 대한 가장 큰 위협일 수 있다.

결과적으로 간화문의 언어가 대변하게 된 선종의 수행론은, 마음방식 행법의 편향성에 노출되어 있다. 이해방식의 시선과 차별화시켜야 할 필요성에 집중하다 보니 생겨난 치우침이다. 그리고 이해/언어적 사유에 대한 과다한 부정적 태도는 그 편향성의 후유증이다. 선종의 언어 적대적 분위기는 장기간 누적되었으며, 현대 선종 구성원들에게까지 계승된 언어 부정적 태도는 아직도 충분히 극복되지 않고 있다. 지적 사유와 성찰은 어쩔 수 없이 개념에 기대어 있다는 점에서 '언어적'이다. 이해방식 행법은 이 언어적 사유의 긍정적 가능성을 적극 활용하고자 하는 시선이다. 해탈 수행에서 차지하는 언어적 사유의 역할과 가치는 붓다와 불교 전통에서 적극적으로 포착되고 승인되어 왔다.[77]

그런데 선종은, 이해방식 행법과는 구별되어야 할 마음방식 행법을 부각시키고 수호하기 위한 열정 때문에, 이해방식 행법의 핵심인 '언어적 사유'의 한계와 장애는 적극적으로 부각시키는 동시에, 언어적 사유의 긍정적 역할과 가치는 과도하게 축소 내지 외면하는 태도를 자연스럽게 축적시켜 갔다. 그 결과로 선문 구성원들은 전반

77 이에 관한 논의는 「언어, 붙들기와 여의기 그리고 굴리기 — 화두 의심과 돈오 견성의 상관관계와 관련하여」(『동아시아불교문화』 7집, 동아시아불교문화학회, 2011)에 있다.

제 12 장 퇴옹 성철의 돈오돈수론과 선 수행 담론

적으로 '언어적 사유에 대한 관심'이 저하되어 있다. 이미 지눌이 적절하게 지적하고 있듯이, 선종 내부는 언제부턴가 '언어적 능력'이 결핍되어 있다. 지적 호기심과 이지적 사유에 부정적이거나 시큰둥하고, 지적 성찰과 담론에 대해 지나치게 소극적이다.

선종의 마음방식 행법과 그 돈오는 해탈수행에서 매우 중요하며, 붓다가 설한 선 수행을 소화해 온 여타의 전통들이 간과한 붓다의 의중과 초점을 복원시켜 줄 수 있는 중차대한 기여를 한다고 생각한다. 그러나 선종의 마음방식 행법 전통이 이러한 기여를 구현하기 위해서는, 이해방식 행법의 내용과 역할을 충분히 탐구하여 소화할 필요가 있다. 그리하여 지적 탐구, 이해의 계발과 적용, 연기적 성찰과 사유능력의 계발에 더욱 적극적일 필요가 있다. 그리고 마음방식 행법의 전통이 자신을 이해방식 행법으로써 제대로 보완하기위해서는, 선행 혹은 병행되어야 할 과제가 있다. 이해방식 행법의 수행전통이나 그것을 뒷받침하는 교학전통도 기존의 통념에 구애받지 말고 되짚어 보아야 하는 것이 그것이다. 이를 위해서는 과감한 열린 탐구가 필요하다. 이미 나름대로 뿌리내린 이해방식 행법과 그와 관련된 교학의 관점도 제한적 타당성을 지닌 해석학적 선택으로간주하고, 열어 놓고 탐구할 필요가 있어 보인다.

이러한 개방적 탐구를 위해서는, 붓다 법설의 본의가 이미 기존의 교학들이나 수행론들에 의해 온전하게 드러났다고 보는 신념이나 기대도 유보하는 것이 일정 부분 필요해 보인다. 이미 신행(信行)의 제도와 현실을 규정하고 있는 교학적/수행론적 관행에 갇히지않고 붓다와 대화하려면, 탐구하고 수용하지만 머물지 않는 '열린 유동성', 만나면서도 헤어지는 '접속하되 거리두기'를 시도해야 한다. 예컨대 붓다의 연기 통찰을 읽는 다양한 교학체계들, 그 다양한 연기해석학들만 보아도, 이러한 근원적 열린 탐구의 필요성을 절감하게 된다.[78] 이해 행법과 마음 행법, 혜학과 정학의 내용과 의미 및 관계를 어떻게 포착하고 치우침 없이 소화하는가에 따라, 지눌의 돈오점수론과 퇴옹의 돈오돈수론이 지니는 진리담론으로서의 의미와 전망도 결정될 것이다.

---

[78] 이와 관련된 논의는 「붓다의 연기법과 불교의 연기설 — 연기해석들에 대한 의문」(『철학논총』 제82집, 새한철학회, 2015)에 있다.

[부록] 돈점논쟁은 진리담론法談인가 권력담론인가?[79]

1. '성철 읽기'가 남긴 성찬盛饌

선(禪)사상사에서 성철(性徹, 1912-1993)스님(이하 존칭 생략)만큼 단기간에 그 포폄(褒貶)이 극명하게 엇갈리는 사례를 찾기란 쉽지 않다. 신회(神會, 670-762)를 둘러싼 선종 내부의 극명한 시선 차이보다 오히려 더 선명한 시선 대립을 보여 주는 것 같다. 성철은, 당신이 돈오점수의 원조로 규정하며 비판했던 신회보다도 더 논쟁적 대상이 되었다. 성철을 어떻게 읽느냐에 따라 한국 선불교의 현재와 미래 행보가 크게 좌우될 정도다.

성철을 둘러싼 논쟁의 원점은 명백하다. 돈오점수에 대한 강한 비판이 그것이다. 특히 지눌(知訥, 1158-1210)스님(이하 존칭 생략)을 정면으로 공박하는 형식을 취한 것이 불씨를 더했다. 지눌이 어떤 분이던가. 돈오점수론의 종합체계를 구성하여 돈오점수를 선종 선

돈점 진리담론

79 『불교평론』 58호(2014)에 게재했던 글이다.

수행의 표준으로 정착시킨 분이 아니던가. 선종의 돈점론을 가장 체계적이고도 성공적으로 종합하여 깨달음과 닦음의 선불교적 모범 답안을 마련한 분으로 평가받던 지눌을 직설적으로 비판하고, 한국 선불교의 표준 수행 준칙으로 간주되어 온 돈오점수를 선문 정통에 대한 배반이며 정법(正法)의 최대 장애물이라고 단죄하듯 비판하였으니, 그래도 잠잠하면 오히려 한국불교계는 죽은 불교다.

성철은 또 어떤 분이던가. 유례를 찾기 힘든 초인적 수행을 통해 탁월한 깨달음을 성취한 분으로 존중받던 분이 아니던가. 그런 분이 파사현정(破邪顯正)의 진정성을 가지고 실참(實參) 현장에서 간화문에 투신한 학인들에게 피 토하듯 돈오점수를 비판하였으니, 돈오점수의 정통적 지위에 익숙해 있던 학인들에게는 가히 전율적 충격이었다.

한국 선불교의 관행과 토대 자체를 흔들어 버리는 성철의 돈오점수 비판과 돈오돈수 천명이 종합적으로 표출되고 있는 것은 『선문정로(禪門正路)』(1981)다. 『선문정로』는 '백일법문(百日法問)'(1967)과 『한국불교의 법맥』(1976)에서 이미 제기되었던 돈오점수 비판과 선종 정통성 비판을 종합하여 이론적으로 체계화시키고 있다. 성철의 돈오점수 비판에 대한 공식적이고 학문적인 반응이 등장하기까지는 꽤 오랜 시간이 필요했다. 선종이 주도하는 한국불교, 한국불교의 선사상을 대변해 온 지눌, 현대 한국불교계에서 성철이 확보한 종교적 권위, 보조의 사상과 수행 전통을 계승하고 있는 송광사와 성철이 이끄는 해인사 총림이 불교계에서 지니는 위상 등, 한국불교 지형도를 구성하는 특유의 조건들이 그 원인으로 작용했을 것이지만, 무엇보다도 성철이 거론하는 내용이 워낙 근원적인 실참실수(實參實修)의 문제였기에 신중할 수밖에 없었다.

1990년에 '보조사상연구원'은 송광사에서 '불교사상에서의 깨달음과 닦음'이라는 국제학술회의를 개최한다. 『선문정로』이후 10여 년 만에 비로소 성철의 돈오점수 비판에 대한 본격적인 학문적 검토를 시도한 것이다. '백일법문(百日法問)'이나 『한국불교의 법맥』에서부터 기산한다면, 성철의 돈점론에 대한 한국불교계의 이론적 반응에는 근 20여 년이 넘는 시간이 걸린 셈이다. 한편 '백련불교문화재단'은, 성철 입적 후 '성철선사상연구원'을 설립하고(1996), 이후 매년 학술회의를 개최하여 성철의 돈오돈수 사상을 이론적으로 검토하는 작업을 지속해 오고 있다.

지눌 이래의 돈오점수 전통을 대변하는 송광사 측이 한 축이 되고, 성철을 기점으로 돈오돈수를 주목하는 해인사 측이 다른 축이 된 이 양자 구도는, 매우 유익한 결실을 창출해 왔다. 돈오점수와 돈오돈수 각각의 입장을 집중적으로 탐구해 가는 양자의 관심과 노력은, 그 구도적 진정성과 상호 존중의 상호 작용을 통해 한국 불교계의 돈점론 이해와 탐구 수준을 지속적으로 향상시켜 왔다. 한국불교 사상사의 뜻 깊은 족적으로 기록될 것이다.

2. 돈점논쟁은 권력담론이다 – 서명원의 성철 읽기

성철이 몸담았던 시대가 전례를 찾기 힘든 정치/사회적 격변기였고, 그가 단호한 언어에 담아 던진 돈오점수 비판과 돈오돈수 천명이 그 기간에 이루어졌으며, 그로 인해 활발하게 진행된 돈점논쟁 내지 돈점론 탐구에 송광사와 해인사가 실질적인 두 축으로 역할을 해 왔다는 점은, '성철 및 돈점논쟁 읽기'에서 간과할 수 없는 정치/사회적 조건이다.

이런 조건들을 특히 주목하여 성철과 돈점논쟁을 정치/사회적으로 읽은 글 하나가 최근 교계의 눈길을 끌었다. 신부인 서명원 교수(이하 서명원)의 「퇴옹 성철선사의 유물: 돈점 논쟁의 정치적 배경에 대한 고찰」(『가야산 호랑이의 체취를 맡았다』에 수록, 서강대출판부, 2013. 이 논문만은 영문으로 게재하고 있다)이 그것이다. 이 글은 꽤나 돌출적이다. '돌출적'이라 표현한 것은 두 가지 이유에서다. 하나는 그 관점의 특이성 때문이고, 다른 하나는 '논리 구성의 특이성' 때문이다. 게다가 글쓴이가 외국인 신부의 신분이면서 성철에 대한 연구논문으로 프랑스에서 학위를 받고 국내 학계에서도 성철 연구자로 활동해 왔다는 점이 이 '돌출성'을 더욱 두드러지게 만든다. (서명원처럼 신부 입장에서 간화선을 즐긴다는 분을 보면 궁금증이 도진다. 신부님이 참선에 심취할 때는 참선의 철학적 토대를 어떻게 처리하는가 하는 호기심이다. 참선은 불변의 독자적 존재에 대한 근거 없는 신념을 체득적으로 해체하는 통로임이 명백한데, 만약 그런 참선에 몰두하는 것이라면 신/인간/구원에 대한 존재론적 시선을 실체 관념에서 출발시키는 전통적 신학의 통념을 어떻게 처리하는지 궁금하다. 종교적 호적이나 신분이 참선의 자격조건은 아니지만, 인간과 구원에 대한 고유의 철학적 시선체계에 몸담은 분이 그 철학적 전제를 전혀 달리하는 참선을 한다고 할 때는 문제가 다르다. 무아/연기에 대한 지적 수용과 무관한 참선은 사실상 불가능하다. 참선의 철학적 토대와는 무관한 마음수양 테크닉을 참선으로 생각하는 것인지, 참선의 생명력과 제대로 접속해 보기 위해 인간/구원/신 등에 관한 시선마저 참선의 철학적 조건에 상응하는 것으로 처리하는지, 그 실존적 속내에 호기심이 일어날 때가 가끔 있다. 종교 다원주의적 상호 존중 및 개방성과는 무관한, 사실 이해에 관한 사적인 궁금증이다.)

돈점논쟁은 '성철 읽기'의 핵심이었고, 향후에도 그 지위를 유지할 것이다. 서명원은 돈점논쟁에 대한 새로운 접근방법을 선택한다. '국가의 권력방식과 성철의 삶/사상의 방식을 연결시켜 보겠다'는 태도는 자못 신선하기까지 하다. 그런데 서명원의 논지는 한국 불교인들을 꽤나 불편하게 만드는 시선을 담고 있다. 성철의 돈점론을 비판적으로 음미하는 사람들이라도 그의 관점에 동의하기가 쉽지 않을 것이다. 그 불편함이 그의 견해에 대한 근거 없는 비난으로 비화되지 않고 성철 연구와 돈점론 탐구의 발전적 계기가 되면 좋겠다. 그것이 『불교평론』의 요청에 응하여 이 글을 쓰는 소이이다. 먼저 그 논문의 요점을 가급적 상세히 정리해 본다.

문헌 자료는 물론 성철을 직접 알고 있는 스님과 재가인들과의 인터뷰에 기초하였다는 그의 논문은, '성철과 국가체제와의 관계'를 파악하기 위한 논증 구조를 4단계로 구성한다. '성철은 출가인으로서 정치와 거리를 두려고 했다'는 관점에 대한 비판적 검토(2장)/불교가 항상 정치와 관련되어 왔다는 것을 확인하기 위한 '불교와 국가체제 및 정치와의 관계에 대한 역사적 검토'(3장)/중국과 한국에서의 돈점논쟁 역사와 정치, 사회적 연관의 확인(4장)/국가의 통치방식과 성철의 방식 사이의 여섯 가지 구조적 일치(5장)가 그것이다. 그리고 이러한 논증과정은 '성철의 개혁정신은 그 시대 정치 권력자(박정희/전두환)에 의해 암시적으로 형성되었다'는 결론으로 귀결된다.

구체적으로는, 성철이 국가체제와의 어떠한 접촉도 거절한 것으로 이해되고 있지만 성철이 보여 준 과학에 대한 관심, 역사비평적 방식의 도입, 불교 사회복지사업에 대한 관심, 승가제도의 개혁 노력 등을 감안할 때 사실이 아니며, 오히려 성철은 국가체제와 잘 연관되어 있었다고 한다. 그리고 성철과 국가체제와의 필연적 연관을 논증하기 위해 붓다로부터 아쇼카시대의 국가체제와 불교 사이의 밀접한 관계, 중국과 한국에서 선종의 전개 및 돈점논쟁 등과 연관된 정치/사회적 배경에 관한 선행 연구들을 제시한다. 그리하여 불교는 시작부터 항상 그것이 생겨난 사회, 정치적 배경과 밀접하게 연결되어 있었고 성철 역시 그 예외로 볼 수 없으므로, 성철이 공공연히 멀리하려 한 정치 영역이 사실은 그의 삶과 교의에 구조적으로 연결되어 있을 것이라고 간주하는 것은 타당하다고 주장한다.

'국가의 방식'과 '성철의 방식'이 구조적으로 조응/반향하고 있을 것이라는 가정을 이러한 논증 위에 수립한 후, 서명원은 그 구조적 조응을 여섯 가지로 읽어 낸다. 그에 의하면 구조적 조응이란, "서로 완전히 관계없어 보이는 두 가지 혹은 더 많은 사실들이 밀접하게 유사하거나 혹은 근접함을 말하는 것으로서, 마치 두 개의 분리된 물체가 동일한 주파수로 진동하는 것과 같은 것"이다.

첫째는 '성철이 1967년의 백일법문에서 돈오돈수의 간화선으로 지눌의 돈오점수 전통을 끝내려고 한 교의적 쿠데타'와 '1961년과 1980년에 박정희와 전두환이 국민의 대통령을 폐위하고 쿠데타로 정권을 장악한 것'이 조응하고 있고, 둘째는 '성철과 박정희 그리고 전두환 대통령은 모두 스스로 임명한 사람들로서 맡은 임무에 대한 깊은 사명감을 가졌다는 점, 즉 불교와 남한 각각의 구제에 대한 유일한 길이라는 신념을 지녔다'는 점에서 조응한다.

셋째 조응은 '박정희와 전두환의 담화와 성철의 교의에 충만해 있는 강력한 악마화와 적대화의 메커니즘'인데, 북한의 공산주의와 지눌의 점진주의를 각각의 대상으로 하고 있다. 경쟁자의 가르침을 유사한 양식으로 왜곡하는 것은 신회를 비판한 임제종, 그리고 대혜와 백파의 행동에서도 볼 수 있고, 그것은 항상 사회·정치적 동기와 연결되어 있다. 비록 성철의 동기를 직접 지적해 낼 수는 없지만,

그가 한국 불교를 20세기 후반에 뜯어고치려 했고 지눌에게 언어적 폭력을 구사한 방식은 그 시대 독재정부의 냉전시대 빨갱이 논쟁의 구조를 밀접하게 반영한다.

넷째는 '박정희와 전두환이 스스로 취임함에 따른 낮은 대중적 지지를 극복하고 정당성을 획득하기 위해 지속적으로 무자비한 노력을 한 것'과 '자기 인가에 대한 대중들의 불신임을 극복하기 위한 성철의 노력'이 조응한다. 박정희와 전두환은 이를 위해 북한 위협을 지속적으로 강조하며 반민주적 정부의 취약성을 철권안보와 경제성장으로 정당화시켰고, 성철은 자신의 정통성과 지눌의 비정통성을 입증하기 위해 1967년에 초기불교를 시작으로 1987년에 혜능으로 끝나는 다양한 불교 전통의 해석에 호소하였다. 성철은 오직 돈오돈수만이 옳고 지눌의 돈오점수는 비정통이라는 것을 보여 주기 위해 방대한 경론과 선장(禪藏)에서 돈오돈수를 입증하는 구절들을 집성하였다. 그러나 그러한 작업에는 여러 방법론적 하자가 있으며, 지눌의 말도 아전인수 격으로 인용하는 경향이 있다. '선림고경총서'가 소개하는 선사들이 성철의 주장처럼 모두 돈오돈수를 옹호한 것은 아니고 오히려 돈오점수를 더 선호하고 있다는 연구 성과 등을 볼 때, 돈오돈수를 정당화하기 위한 성철의 모든 노력은 시간이 흐를수록 모순이 드러나며, 이것은 마치 시간이 흐를수록 쇠퇴해 가는 박정희 유신체계의 독재주의가 빠져드는 모순과 같은 것이다.

다섯째로는 독재자(박정희, 전두환)의 시·공간적 위치와 한국 돈점논쟁의 그것이 유사하게 조응한다. 성철과 박정희, 전두환은 모두 경상도 출신이고 해인사는 전두환의 고향인 경남 합천군에 소재하고 있다. 경상도와 전라도는 오랜 적대적 역사가 있고, 1980년 5월 광주 민주화 항쟁의 진압과, 1981년과 1982년에 성철이 『선문정로』와『본지풍광』을 출판한 것은 서로 조응한다. 지눌 추종자들에게는 성철의 돈오돈수 주장을 담은 출판물 간행이 (경상도 정권이 전라도 민주화 운동을 무력으로 진압한 것처럼) 한국불교에서 (경상도를 상징하는) 해인사의 헤게모니를 장악하기 위한 교의적 전쟁의 시작인 성철의 쿠데타로 보게 만들었다. 성철이 약 30년 동안의 은거 후 1967년에 해인사 방장 임명을 수락한 것은 그때의 박정희 정권의 국가체제 안정 때문이며, 종정직을 수용한 것은(1981년 1월 10일) 전두환의 대통령 취임 및 성철이 침묵을 지킨 법난이 있은 지 고작 몇 개월 후에 일어난 일이었다. 그리고 민주화 헌법이 승인되기 대략 1년 전에 성철의 활동은 급격히 감소하였다. 이 모든 자료들을 20세기 후반에 남한의 독재자들과 성철의 활동이 시·공간적으로 중대한 부분이 겹친다는 것을 알려 준다.

여섯째로는 성철과 박정희 그리고 전두환 모두가 비판에 무감각하고 때가 왔음을 알지 못하는 점에서 조응한다. 박정희는 1979년 10월 부마(釜馬) 민중항쟁에 어떻게 대응할지를 파악하는 것에 실패했기에 마침내 암살당했고, 전두환은 서울 올림픽 게임 몇 해 전에 어떻게 민주화가 불가항력적인 역동성을 갖게 되어 남한 독재의 종말로 이끌 것인지를 이해하는 데 실패하였다. 유사하게도 성철은, 조계종의 최고 성직자로서 1987년 민주화 운동에 호의적인 말을 해 주길 요청받았음에도 불구하고 산승이라는 핑계로 거절하며 모든 비판에 무감각한 채 살았다. 성철의 미심쩍은 중립적 침묵은, 붓다조차 필요에 따라 왕과 관계를 개선하거나 유지하는 데 주저하지 않았음을 고려할 때 더 모순적이다. 10월 27일 법난에 대한 성철의 침묵도 순전한 정치적 중립으로 보기 어렵다. 성철은, 전두환이 비록 이상적 전륜성왕은 전혀 아닐지라도 전체적 안보를 제공하는 이상 그에게 도전할 의지가 없었다고 가정할 수 있다. 이러한 침묵은 분명히 정치적 결정에 따른 결과이기 때문에 중립일 수가 없다. 성철이 산승이라는 구실로 민주화 운동의 편에 서기를 거부한 것은, 그가 돈오돈수를 주장하기 위해 인용한 주요 선사들(신회, 대혜, 나옹, 태고, 서산)이 정치적인 문제들에 깊이 연관되어 있다는 점에서도 모순적이다.

결국, 성철이 역사의 중요한 변혁기에 완고한 침묵을 지킨 것은, 가장 좋게 보면 역사가들이 풀어야 할 수수께끼이고 부정적으로 보면 언행불일치이고 모순이다. 하지만 10·27 법난과 민주화 운동에 대해 성철이 침묵을 지켰던 것보다 더 심각한 것은, 신기원의 새벽에 한국 불교가 필요로 하는 것이 화두선 절대주의가 아니라 교의와 수행의 다양성을 보급하는 일이라는 것을 이해하지 못한 점이다. '성철의 개혁은, 정치를 언급하지 않은 채 한국불교를 그와 그의 동료들이 이해한 부처의 가르침으로 돌아가자는 의도로 행한 봉암결사의 궤도로 고정시켰기 때문에 불교전통이 현대 세상에 적응할 수 없도록 만들었다는 주장'(조성택)이나 '성철이 돈오돈수 같은 근본주의자적 이념으로써 한국 불교가 필요했던 긴급한 출구의 논리적 기반을 구성한 것은 정체와 쇠퇴의 상태에서 억불의 유산과 새 문화환경의 갑작스런 변화를 적절히 극복할 능력이 없었기 때문이다'(김종인)는 일부 학자들의 견해도 이러한 점을 지적하고 있다.

성철의 모든 제자들도, 성철과 동일하게, 비판에 무감각하고 때가 도래했음을 인지하는 능력이 부재하다는 점도 중요하다. 그들은 돈오돈수 주장으로써 모든 논쟁을 회피하고, 큰스님의 약점과 모순을 지적하는 질문들을 모두 날려 버린다. 돈오돈수는 성철의 그것을 제외한 다른 모든 견해를 거부하는 주관주의로서, 그런 주관주의는 깨달음의 경험에 절대적인 해석이 있을 수 없음을 알지 못하고 있다.

비록 성철은 분명한 정치적 입장을 취하지 않았지만, 이상의 구조적 반향의 내용으로 보면, 직접적 혹은 간접적으로 그의 돈오돈수 논의는 독재주의를 반영하고 있음을 보여 준다. (돈오돈수 주장이 독재주의를 반영한 까닭은) 성철이 자신의 돈오돈수 주장의 한계를 알았고, 그가 최종적으로 열반송에서 자신을 부정하고 자신의 가르침을 부정하게 되는 필연적 모순을 알았기 때문이었을 것이다.

성철의 교의와 그것이 가르쳐진 정치적 정황 사이의 구조적 반향에 관한 여섯 가지 요점은 개별적으로 보았을 때는 적절히 입증할 수 없지만, 각각이 서로 연결되면 그 중요성이 기하급수적으로 커져 설득력 있는 무더기가 된다. 특히 세 번째 반향인 악마화와 적대화의 구조는 돈점 논쟁 전체를 관통한다. 사실상, 그 여섯 가지 구조적 조응의 내용 대부분을 개별적으로 분석해 보면 한국의 돈점 논쟁의 특성이 아니지만, 여섯 가지가 결합된 무더기는 성철의 삶과 그의 돈오의 가르침의 전체 구조가 독재주의를 여러 관점에서 반영하고 있음을 알려 준다. 이것은 성철의 삶과 사상을 독재주의에서 연역가능하다는 의미는 결코 아니다. 그럼에도 불구하고, 청와대와 백련암에는 핫라인을 포함한 어떤 형태의 접촉도 이루어지지 않았지만, 가야산 호랑이가 속해 있던 독재국가의 방식은 산승이라는 그의 삶의 방식과 모순되게도 동일한 표준을 가진 것으로 분명히 나타난다.

현대의 한국의 돈점논쟁은 사회·정치적 발달과 연관된 법칙으로부터 예외가 될 수 없음이 분명하다. 성철은 비록 출가인으로 살았고 국가로부터 지원을 받지 않았지만, 수 세기 동안의 억불정책으로부터 불교와 승려들의 사회·정치적인 위상을 증진시키기 위해

개혁을 이끌었고, 한국불교에서 해인사의 권위를 증강시키기 위해 돈오점수 이념을 탄압했다. 하지만 그 이상으로, 성철의 행적, 그의 교의의 전체적 구성과 그가 불교의 전체적인 개조를 이끌었던 방식은, 같은 시/공간의 국가가 진행한 방식과 여섯 가지의 구조적 조응/반향을 보여 준다. 이것은 성철의 개혁 정신이, 그것이 소속된 정치적이고 지역감정에 의지한 전략을 밑바탕에 두고 있음을 강하게 암시한다. 다른 말로 하면, 이것은 당대 한국의 돈점 논쟁은 해방시 두 개로 분할된 한반도의 두 개체의 사회·정치적 긴장과 냉전시대의 세계적인 분위기를 반영한다는 것을 의미한다. 한반도에서 거의 항존하는 핵전쟁의 위기는 왜 돈점논쟁이 한국에서 전대미문의 상황으로 악화되었는지를 잘 설명해 준다. 왜 성철이 정치적이 되었는지 우리는 알지 못한다. 하지만 비록 그가 자신의 개혁을 석가모니불과 한·중의 법통 아래 추진하였지만, 그의 불교 교의와 수행관은 자신이 출가자로서 살아가고 수행한 국가의 평화와 안보를 보장한 정복자의 세계관에 의해 형성되었다고 전체적으로 이해된다.

성철이 특별하게 위대한 승려였다는 데는 이견이 없다. 그럼에도 불구하고 그의 유산의 일부 양상에 있어서는 분명히 논쟁의 여지가 있다. 역사는, 예를 들어, 1980년 10·27 법난 때와 1987년 민주화 운동이 절정에 이르렀을 때 그가 침묵으로 일관한 것을 잊지 않을 것이다. 따라서 그의 진실한 초상을 후손에게 전해 주는 진실한 방식은, 그를 부정하거나 정당화하는 대신에 이런 양상을 인정하는 것이라 생각한다. 그는 국가체제와 연결되어 있었지만, 그것은 그의 추종자들이 후손들이 믿었으면 하는 방식이 전혀 아니다. 그의 불교의 해석학, 즉 20세기 후반의 불교의 해석방식은 민주화 이후의 것이 아니라 민주화 이전의 정신을 전체적으로 반영한다. 우리가 한국

민주화 25주년을 기념함에 있어 당대의 한국 돈점 논쟁이 태어나고 반영한 사회·정치적 정황에 유념하는 것은, 한반도와 한국불교의 미래와 화두선의 세계적 포교를 예견하는 데 가장 중요한 기반이 될 것이다.

이상의 서명원 논문의 핵심은 '성철의 돈점론 및 한국불교의 돈점논쟁은 결국 권력담론이다'라는 주장으로 요약될 수 있다.

3. 돈점논쟁은 진리담론인가 권력담론인가

'한국 현대사의 정치적 독재와 성철의 삶은 구조적 반향으로 얽혀 있으며, 따라서 성철의 행적과 사상은 정확히 독재주의를 반영하고 있다. 성철의 돈점론과 현대 한국불교계의 돈점논쟁은 결국 권력담론이다.' – 성철의 삶을 폭언으로 들릴 정도로 비판하는 이러한 관점은 서명원 개인의 기발한 창의성인가? 평소 그가 보여 준 성철에 대한 우호적 탐구는 위장이었고, 이제 숨기고 있던 본심을 드러낸 것인가? 성철과 그의 제자들에 대한 거의 욕설에 가까운 평가는 논리로 위장한 종교적 적대감의 표현인가?

그렇게 보고 싶지는 않다. 나는 서명원과 교분을 가져 본 적도 없고, 그의 내면에 대해서도 아는 바 없다. 몇 년 전 내 글의 논평자로 학술발표회에서 잠깐 인사한 것이 인연의 전부다. 다만 이전까지 그가 발표한 성철 연구는, 그 내용의 깊이나 타당성은 어떻든 간에, 성철에 대한 진정성 있는 관심과 성철 사상의 긍정성을 탐구하려는 노력이 두드러진 것이었다고 기억한다.

성철에 대한 그의 돌변한 태도는 감춰 온 진심인가, 관점의 변화인가? 나는 관점의 변화 쪽에 무게를 둔다. 성철에 대해 부정적 시선을 지닌 사람들과의 대화, 한국의 역사적 지역 갈등, 격동의 한국 근대 정치사회사 등이, 서명원 자신의 돈점사상 이해수준과 결합되어 수립된 변화된 관점으로 본다. 그렇다면 비난의 대상이 아니라 비판적 검토가 필요한 관점의 문제로 보는 것이 유익할 것이다.

그럴듯한 구조주의적 접근으로 보이는, 그러나 논리 얼개가 너무 성긴, '국가 방식과 성철 방식의 구조적 반향' 논증의 핵심은, '국가 방식(독재)과 성철 방식(돈오돈수/간화선 주장)의 연관과 일치'이다. 모든 종교나 종교인의 삶이 정치/사회적 조건들과 무관할 수 없다는 자명한 사실을 불교와 선종의 역사에서 확인하는 작업은 사실 그의 논리 구성에서 그다지 중요한 역할을 하지 않는다. 그것은 성철을 정치/사회적으로 읽기 위한 최소한의 논리적 고리일 뿐이다. 논증의 초점은 성철의 삶과 교의가 국가의 독재방식을 구조적으로 고스란히 반영하고 있다는 관점의 관철에 맞추어져 있다. 그러한 논지를 입증하기 위해 제시하는 논거와 관점은 대략 8가지로 요약된다.

1) 성철의 돈오돈수와 간화선 절대주의는 모든 수행의 다양한 방식과 수준, 상호 결합과 이론적 대화를 원천적으로 막아 버리는 폐쇄적 독단성이 있다. 지눌의 돈오점수를 깨달음의 계보에서 배제하는 배타적 공격성도 이와 관련이 있다. 성철의 교의에는 상대를 악마로 왜곡하는 폭력적 적대성이 있으며, 지눌에 대한 성철의 비판은 언어적 폭력이다. 상대에 대한 이러한 악마화와 적대화는 전형적인 독재적 국가방식의 그것이다.

2) 돈오돈수의 확철대오를 주장하는 성철 자신의 깨달음은 타인의 인정과 무관한 일방적 자기 선언이다. 이것은 민주적 지지기반 없이 국가권력의 주인임을 선언하는 쿠데타적 방식이다.

3) 성철의 지눌 비판과 돈오돈수의 논거로서 선택하는 경론의 선택이 자의적이어서 타당성이 결핍되어 있다.

4) 성철은 비판에 무감각하고 때가 도래했음을 인지하는 능력이 부재하다. 그러한 면모는 제자들에게도 계승되어 있다.

5) 성철은 한국불교의 개혁에 필요한 것이 무엇인지 제대로 파악하지 못했다. 교학과 수행의 다양성 대신에 화두선 절대주의를 선택한 것은 잘못 짚은 것이다.

6) 1980년 10·27 법난 때와 1987년 민주화 운동 때 침묵을 지켰다.

7) 영남과 호남의 오랜 적대적 관계는 한국의 국가방식을 규정해 왔고, 한국불교계도 예외가 아니다. 성철이 주석하던 해인사는 영남 불교를, 지눌이 주석하던 송광사는 호남 불교를 대변한다. 따라서 성철이 돈오돈수로써 지눌의 돈오점수를 비판한 것은 호남 불교의 전통을 영남 불교가 전복시키는 교의적 쿠데타다. 성철이 경상도 출신이고 해인사가 전두환의 고향에 위치하는 것도 성철이 영남세력을 정치적으로 지지하는 공간적 조건이다. 영/호남 대립 구조에서 지눌 추종자들에게는 성철의 돈오돈수 주장과 지눌 비판이 한국불교에서 경상도를 상징하는 해인사의 헤게모니를 장악하기 위한 교의적 쿠데타로 간주된다. 성철의 돈오돈수 주장과 돈오점수 비판 및 불교개혁 방안은, 근본적으로 정치적이고 지역감정에 의지한 전략에 기초한다. 따라서 현대 한국의 돈점 논쟁은 한반도의 분단 상황과 지역 갈등을 조건으로 하는 정치/사회적 산물이다.

8) 결국 성철의 삶과 그의 돈오돈수 가르침은 그 전체 구조가 독재주의를 여러 관점에서 반영하고 있다. 그의 불교 해석학도 반민주적이다. 성철은 이 점을 스스로 알고 있었고, 따라서 열반송에서

자신을 부정하고 자신의 가르침을 부정하게 되었다.

　　1)에서 5)까지는 돈오돈수 및 성철의 개인적 면모에 대한 이해와 평가이고, 6)과 7)은 한국의 지역 갈등과 정치 지형을 불교계와 돈점논쟁에 적용시키는 것이며, 8)은 성철의 삶과 사상에 대한 정치/사회적 독해의 결산에 해당한다. 그리고 이 여덟 가지 논지 가운데 서명원이 가장 비중을 두는 것은 '성철의 돈오점수 비판방식과 독재권력의 상대 진압방식인 〈악마화와 적대화〉의 구조적 동일성'이다. 결국 성철의 돈점론과 한국의 돈점논쟁은 권력담론이라는 것이 논문의 요점이다.

　　각 논거와 주장은 막막할 정도로 손댈 곳이 많아 보인다. 제대로 분석하고 비판하려면 세세한 작업이 필요하지만, 이 글의 목표가 되기는 어렵다. 필자는 성철의 돈점론과 한국 돈점논쟁이 권력담론이 아니라 진리담론(法談)이라고 생각한다. 권력담론으로 보는 서명원의 관점을 비판적으로 논평하는 형태로 필자의 견해를 피력해 본다.

　　1) 인간은 세계와 다양한 문법으로 만난다. 개인과 세계는 다양한 문법을 통해 상호 작용하면서 역동적으로 구성되어 간다. 이 다양한 다층적 문법은 상호의존적이고 상호 작용한다. 그러므로 인간과 세계의 관계를 포착하고 기술하기 위해서는, 구성문법의 다양성, 그들의 상호 의존성과 상호 작용, 만남/접속과 갈라짐/떨어짐, 겹침과 어긋남, 개별 문법의 고유적 범주와 맥락 등을 가급적 정밀하고 적절하게 식별하고 처리할 수 있어야 한다. 이런 점을 감안할 때 서명원의 글은 우선 문법식별과 상호관계의 처리가 너무 거칠고 성글어 보인다. 무엇보다도 돈점사상 고유의 의미맥락을 너무 소홀히 하

고 있다. 범주 이탈 및 범주 통합의 오류가 너무 커 보인다.

서로 다른 문법을 접속시킬 때는 매우 세심하고 적절한 고리걸기가 필요하다. 돈점사상 문법과 정치사회적 문법은 무관한 것은 아니지만, 각각의 범주와 고유적 의미맥락은 그 차이가 충분히 식별되고 배려되어야 한다. 정치/사회적 문법을 그릇 삼아 모든 다른 문법들을 담아내고자 하는 열정들은, 세심하게 배려해야 할 이질적 문법들을 흔히 하나의 범주와 맥락에 거칠게 통합하려 드는 경향을 보여준다. 붓다의 길에서 생명력을 지니는 '해탈의 자유/평등'이 정치, 사회적 자유/평등과 무관한 것도 아니고 굳이 분리시키려 드는 것도 부당하지만, 그렇다고 양자가 지니는 고유의 범주와 맥락을 어느한 길로 통합시키는 일도 명백히 부당하다. 겹침과 어긋남을 섬세하게 다루어야 한다.

성철의 돈오돈수론이 돈점사상 고유의 범주와 맥락에서 발산하고 있고 또 수렴되고 있다는 점은 '성철 읽기'에서 언제나 놓치지말아야 할 초점이다. 출가승으로서의 일관된 삶과 참선수행이 삶 구성의 중심 조건이 된 사람의 문법, 그리고 그 문법을 담아낸 언어를, 전혀 이질적인, 그것도 세속적 문법의 중심부를 차지하는 정치/사회적 문법의 언어와 결합시키거나 치환시키는 작업은, 치밀하고 적절한 '조건적 접속 내지 변환작업'이 선행되어야 의미가 있다. 설득력 있는 충분한 논거들이 수반되어야 함은 물론이다. 그러나 서명원의 작업은 정밀한 조건적 접속이 아닌, 성글다 못해 난폭하기까지한, 수긍하기 어려운 거친 결합 및 치환으로 보인다.

2) 성철의 돈오돈수 언어가 모든 비판적 논의를 증발시켜 버리는 자폐적 용광로 같아 보이는 것은 일면 사실이다. 돈오돈수의 개념 자체에서 오는 속성이다. 만약 성철의 돈점론이 권력담론이라면,

돈오돈수 이론은, 서명원의 표현처럼, 독재적 정치방식이 즐겨 택하는 '악마화와 적대화'의 불교적 표현으로 간주될 수도 있을 것이다. 그러나 출가 선승의 방식에 누구보다 철저했던 성철의 돈오돈수 언어는 기본적으로 돈점사상 고유의 교학적, 수행론적 범주와 맥락에 뿌리를 두고 있다고 보는 것이 합리적이다. 그런 점에서 성철 읽기의 핵심 과제인 '성철은 왜 그토록 단호한 어조를 구사하면서까지 지눌의 돈오점수를 비판하였는가?'라는 질문에 대한 응답은, 무엇보다도 돈점사상 고유의 문법과 맥락 속에서 발굴하는 것이 일차적이다. 그리고 우리는 아직 이 질문에 대해 충분히 응답하지 못하고 있다.

그 응답 과정에서, 관점에 따라서는, 정치/사회적 조건들에 관한 고려가 필요한 정도로 채택될 수는 있다. 그러나 성철의 돈오돈수와 연관된 자료들을 공정하게 고려한다면, 돈오점수 비판으로 점화된 돈점논쟁의 탐구는 일차적으로 진리담론, 즉 돈점사상 고유의 문법 범주와 맥락 안에서 집중하는 것이 합리적이라 할 것이다. 서명원의 논리는 돈점사상 고유의 의미맥락을 타당한 논리적 가교도 없이 일탈해 버리고 있다. 게다가 이 느닷없어 보이는 범주/맥락 이탈의 오류가 너무도 원색적인 정치논리의 옷으로 치장되고 있다.

3) 성철로 인해 촉발된 돈점논쟁에서 흔히 간과되고 있는 대목이 있다. 돈오점수와 돈오돈수의 대비를 '점수의 여지를 남겨 두는 돈오'와 '점수의 필요가 없는 돈오'의 대립으로 읽는 것이 일반적이다. 이럴 때는 돈오점수 비판이 '돈오의 수준/정도의 완전성에 관한 비판'이 된다. 돈점 논쟁이 누구의 돈오가 더 완벽한 것인가를 따지는 수직 서열의 문제로 읽히면, 성철의 돈오돈수 주장은 그야말로 주관주의적이고 일방적인 도력 주장으로 보이기 쉽다. 실제로 그간의 돈점 논의에서는 지눌의 돈오점수를 지지하든 성철의 돈오돈수

를 옹호하든, 논의의 초점을 여기에 두는 경우가 많다. 이 경우, 지눌 지지자에게는 성철의 비판이 일방적이고 주관주의적 독선의 횡포이며, 불순한 종교적 서열다툼 내지 권력의지의 산물이고, 합리적 논거가 결핍된 도력 우열 겨루기로 보일 가능성이 높다. 반면 성철 지지자에게는 성철의 주장이 완벽한 경지의 돈오를 세워 선종의 궁극적 본분을 부활시키는 쾌거로 보일 것이다.

　　그러나 이러한 독해들은 성철의 의도와도 무관하고, 돈점논쟁의 초점에서도 비껴난 것으로 보인다. 성철의 돈오점수 비판에는 '조건'이 있다. '무조건' 돈오점수를 비판한 것이 아니라 '화엄 원돈문 (圓頓門, 圓頓信解門)이 조건이 된 돈오와 그에 수반되는 점수'를 비판한 것이다. 돈오점수의 '돈오'를 '해오(解悟)'라고 비판하는 것도 '원돈문을 조건으로 삼는 돈오'를 겨냥하는 것이다. 성철의 돈오점수 비판은, 원돈문을 해오로 판독하는 동시에, '해오인 원돈문을 조건 삼아 주장하는 돈오'에 대한 비판이며, 그런 점에서 돈오점수에 대한 '조건적 비판'이다. 이 점을 고려하면, 성철이 역설하는 간화선 수행의 삼관(三關, 動靜一如/夢中一如/熟眠一如) 돌파는, 성철 비판론들의 지적과는 달리, 돈오돈수의 자기모순이 아니다. '원돈문을 조건으로 하는 돈오점수 비판'과 '간화선 삼관 돌파'는 문제의 맥락과 범주가 다르다고 볼 수 있다. (이러한 문제는 돈점논쟁에 담긴 주제들의 맥락식별과 관련된 것인데, 기회가 되는 대로 정리된 논리에 담아 볼 것이다.)

　　그간의 돈점논쟁 연구는 아직 지눌과 성철의 의도와 논점을 제대로, 혹은 충분히 파악하지 못하고 있는지 모른다. 지눌과 성철의 언어에서 논점과 의도를 정밀하게 전개하는 현대적 논증성을 기대하는 것은 무리다. 지눌이나 성철이 익히고 구사하는 개념과 논리를 오늘의 언어에 담아내기 위해서는 적절한 해석학적 번역과정이 필요하며, 그것은 현대 학인의 몫이다. 돈점논쟁을 다루는 학인들은 돈점론 고유의 맥락과 범주에서 더 깊은 탐구를 진행할 필요가 있다. 그런 점에서 서명원의 정치/사회적 읽기는 너무 섣부른 일탈적 질주로 보인다.

4) 필자는 1980년대 초반에 성철의 돈오점수 비판과 돈오돈수 주장을 처음 접했을 때의 혼란과 불편함을 아직도 생생하게 기억한다. 앞뒤 안 가리고 선문(禪門)의 공부 지침에 깜냥대로 몰입하던 때였다. 선적(禪籍)이라면 닥치는 대로 읽고, 지눌의 글을 탐독하며 경탄하였었다. 성급하게 화두 들다 상기병도 걸려 보았고, 어떤 때는 잠깐 눈 붙이는 동안에도 화두 의단이 챙겨지는 것 같아 '몽중에도 화두 챙긴다는 것이 헛말은 아니구나!'라며 끄덕여도 보았다. '화두 들어야 쉬는 국면'을 조금, 아주 조금 실감할 수 있었고, 화두 챙기고 안 챙기고에 따라 대쪽같이 나뉘는 '경계로 지어 붙드는 마음국면과 안 그러는 마음국면의 차이' 정도는 제법 선명히 포착되는 것 같았다. 지눌의 '돈오 이후 점수 보임(保任)으로 성태(聖胎) 기르기'라는 지침은 실참의 금과옥조로 보였다.

그런데 돈오점수가 '지적 깨달음(解悟)'일 뿐 선문의 돈오는 아니라니! 사변적 알음알이로 끄덕거리는 일과는 전혀 다른 것이 화두 챙기는 국면이라는 것을 어줍지 않더라도 경험적으로 확인하였다고 여겼고, 지눌의 언어를 내 공부에 갖다 붙여 보기도 하며 잔뜩 고무되어 있던 차에, '착각하지 말라!'는 듯 내치는 성철의 돈오점수 비판과 돈오돈수 설법은 꽤나 불편했다. 수긍하기가 어려웠다. '당신은 돈오돈수로써 공부 마쳤는가?' 하는 감정 섞인 반문이 저절로 올라왔다. 근원적 완결성을 전면에 세운 돈오 설법은 너무 비현실적으로 보여서 그 의도를 의심해 보기도 했다. '결국 자기만 도인이라는 논리 아닌가?'라는 말도 입안에서 수시로 맴돌았다.

시간이 지나면서 성철스님에 대한 시선에는 많은 변화가 생겼다. 분수껏 정학에 대한 실존적 탐구를 지속하고, 니까야를 음미하며, 선종 선학에 대한 일반적 이해들 및 돈점논쟁을 유심히 살펴보면서, 놓치고 있던 것들이 보이기 시작했다. 정학과 선종 선학 및 돈점논쟁에 대한 기존의 통념적 이해에 중요한 결핍이 있을 수 있다는 생각에 갈수록 힘이 실리는 중이다. 지눌의 돈오점수와 그에 대한 성철의 비판 및 돈오돈수 주장에 관해, 우리는 어쩌면 아직 핵심 논점도 제대로 포착하지 못하고 있을 가능성을 점점 주목하게 된다.

4) 지눌의 돈오점수론에 대한 성철의 비판과 돈오돈수 및 간화선 강조는 '정학(定學)이란 무엇인가?'에 관한 근원적 문제제기로 읽을 수 있다. 그리고 그 핵심 논점은 '이해/언어 방식과 마음 방식의 차이와 위상 및 상호 관계의 문제'에 있는 것으로 보인다. 지눌과 성철 두 분 모두 이 문제를 정학의 관건으로 포착했으며, 지눌은 그에 대한 원만한 관점을 체계적으로 표현하였다. 한편 성철은 지눌선이 화엄 원돈신해문을 돈오체계에 끌어들임으로써 생겨날 수 있게 된 이해/언어방식의 그늘(그것이 지눌의 의도와 무관할지라도) 내지 지눌선 해석학에 축적되어 왔던 정학 및 선(禪)에 대한 문제점을 예리하게 들춰내고 있다. 성철의 돈점론은 지눌을 매개로 형성된 정학/선에 대한 부적절한 이해들을 겨냥하는 측면이 있다. 결과적으로 성철과 지눌은 서로를 살리고 있다. 전형적인 진리 담론이다. 지눌과 성철은 정학에서의 '이해 방식과 마음 방식의 차이와 위상 및 상호 관계'의 문제를 그들이 몸으로 익혔던 언어와 논리에 담아내고 있다. 따라서 그들의 언어와 논리에 담긴 의도와 의미를 읽어 내기 위해서는, 직접 참선에 접속해 보는 실참실구를 비롯한 불교해석학적 조건

들을 갖추는 노력이 꾸준히 병행되어야 한다는 점을 언제라도 소홀히 처리되어서는 안 된다.

5) 지눌과 성철을 매개로 한 돈점논쟁의 초점을 이렇게 이동해 본다면, 성철에 대한 비판이론의 상당 부분은 오해 내지 부당한 평가일 수 있다. 성철 비판의 주된 논거의 하나인 '인용문의 자의적 해석' 같은 문제도, 성철의 무지나 오류라기보다는 자신의 문제의식과 관점을 천명하기 위한 과도한 해석학적 편집 내지 선택이라는 측면에서 접근해 볼 필요가 있다. 또 성철의 돈오돈수나 간화선 지상주의는, 현대 한국불교의 활로와 무관하거나 퇴행적인 것이 아니라 매우 요긴한 근원적 전망일 수 있다. 서명원은 '때를 알지 못한다'고 혹 평하지만, 오히려 '때를 깊은 수준에서 읽는 안목'일 수도 있다. 정학에 대한 현대인들의 갈증과 요청을 감안할 때, '정학에 대한 근원적 물음'인 성철의 의제 설정은 선구성과 적절성을 지닌다고 볼 수도 있다. 특히 정학에 대한 남전(南傳)의 해석학 및 북전과 선종의 해석학이 상호 작용하여 니까야가 전하는 붓다의 정학을 더욱 온전하게 탐구해 가는 작업의 필요성에 눈길을 둔다면, 돈점론 내지 성철의 '조건적 돈오점수 비판'은 결코 '때를 모르는 의제 설정'도 아니고 '시대착오적 퇴행'도 아니다.

선문(禪門)의 돈오사상, 그리고 이에 관한 지눌과 성철의 대조적 시선은, 붓다의 정학을 읽어 내는 데 매우 요긴한 단서를 제공한다고 생각한다. 또한 선종 선학에 관한 일반적 이해의 현황을 감안하면, 성철의 해오 비판은 선학의 생명력을 가리는 해석학적 왜곡과 혼란의 정곡을 찌르는 측면이 있다고 본다. 그의 배타적일 정도로 단호한 해오(解悟)비판 언어는, 정학의 본령 유지와 복원이라는 의제와 관련된 성철의 절절한 문제의식의 반영이라는 측면이 있다. 그리고 성철의 지눌 비판은 결코 '욕설 퍼붓기'나 '언어폭력'은 아니다. 우회적으로 꾸밀 줄 모르는 직설적 비판의 투박성을 지적할 수는 있어도, 성철의 비판언어를 '욕설이자 언어폭력'으로 평가하는 것은 '성철 읽기' 수준의 심각한 결핍을 반영하는 것으로 보인다.

성철의 열반송을 자기 삶과 가르침의 부정이자 모순 고백이라고 읽는 서명원의 시선 역시 그의 '성철 읽기' 수준을 의심하게 만든다. 열반 선구(禪句)에 관한 이런 정도의 이해는 간화선을 즐기고 성철을 연구하는 전문가의 것이라고는 믿기지 않을 정도로 수준 이하이다. 흔히 타 종교의 원색적 근본주의자들이 불교를 공격할 때 입에 올리는 악의에 찬 왜곡의 무지와 동일하지 않은가. 그들은 성철의 열반송을 이렇게 읽는다던가. ― '성철의 열반송은 성철이 죽기 전에 자기 죄를 고백한 것이다. 불교계의 수장도 마지막에는 자기 삶이 거짓이었다는 것을 고백할 정도이니, 불교는 말짱 거짓이다.' 이쯤 되면 서명원의 성철 읽기가 오히려 '욕설이자 언어폭력'으로 들린다.

'성철처럼 그의 제자들도 비판에 닫혀 있고 때의 도래를 모른다'는 비판은 거의 인신공격성 비난이다. 적어도 성철의 제자 원택 스님이 '성철선사상연구소'를 통해 지금까지 진행해 온 '성철 읽기'는 그 개방성과 품격에서 탁월했다고 생각한다. 학술지원에 담보된 '성철 읽기'의 요구조건은 없었으며, 실제로 '성철선사상연구소'의 지원에 의해 산출된 연구 성과들에는 날카로운 '성철 비판'이 널려 있다. 종교 영역에서, 존경하는 스승에 대한 탐구를, 이렇게 개방시켜 지속하는 경우는 결코 쉽지도 흔하지도 않다. 돈점논쟁을 권력담론으로 보는 관점을 관철하기 위한 무리한 인신공격으로 보인다.

6) '성철은 1980년 10 · 27 법난 때와 1987년 민주화 운동 때 침

묵을 지켰다. 그러므로 그의 정치적 태도는 반민주적이다' — 직접 겪어 보지도 못한 사람, 그것도 출가 산승의 정치/사회적 내면을, 그 정도의 근거를 가지고 확정적으로 규정하는 태도는, 서명원이 성철에게 적용하는 말 그대로 '폭력적'이다. 영·호남의 역사적·현실적 불화, 성철과 박정희/전두환의 출생지역, 해인사 위치와 전두환 고향까지 거론하면서 '국가의 독재방식과 성철 방식의 일치'를 입증하려는 논리는, 너무나 비약적이고 빈약한 정황 논리라서 검토할 필요를 느끼지 않는다. 다만 '법난 때의 침묵'과 관련하여 내가 들은 사실 하나를 밝혀 둔다.

오랜 인연의 존경하는 노스님 한 분이 계신다. 지금도 형안으로 치열하게 공부하는 수행승이시다. 출가구도자의 세속이력을 언급하는 것은 부질없는 일이고 외람된 무례임을 알지만, 어쩔 수 없어 필요한 부분만 언급한다. 지금이야 선호도가 달라졌지만, 그분이 대학에 진학할 시절에는 문과 입시생들에게 법학과와 더불어 최고 선망학과였던 모 대학 정치학과를 졸업하신 분이다. 그래서인지 그분의 정치사회적 안목과 언어는 그 스케일과 수준이 탁월하다는 것이 그분을 아는 이들의 하나같은 평이다. 필자도 전적으로 공감한다.

출세간 공부와 세간 견식이 모두 출중한 그분을, 10.27 법난 직후 성철스님이 불렀다. 그분을 비롯한 몇 분에게 연락을 취하여 아무 날에 꼭 보자고 하시더란다. 산승으로서 자신이 선택한 방식의 역할에 흔들림이 없었던 성철스님이었지만, 법난을 당해서는 무언가 정치/사회적 발언을 하려는 마음을 일으킨 것 같았고, 불교계의 의견을 듣고자 몇 분을 청한 것이다. 그때 그분은 성철스님의 대화 요청에 응하지 않았다고 한다. 성철스님은 역시 기존방식을 그대로 유지하는 것이 좋겠다는 판단에서 그러셨단다. 나중에 알고 보니 성철스님의 초대를 받은 다른 분들도 역시 같은 생각에서인지 성철스님을 피해 버렸더란다. 시간이 지난 후 성철스님을 만나는 기회가 있었는데, 먼발치에서 보더니 '아무개야!' 하시면서 반갑게 다가와 아무 흔적 없이 흔쾌히 맞아 주시더란다. 그 일을 회고하는 그분의 말씀에서 '역시 산중의 큰 어른이시더군!' 하는 뉘앙스가 전해져 왔다. (그분 자신은 법난 사태를 파악하기 위해 무작정 상경하였고, 법난 수습을 위해 자신이 할 수 있는 역할을 성실히 다한 후 다시 선방으로 가셨다. 그때의 일을 소상히 회고하는 것을 필자가 직접 들은 것이다.)

　반듯하게 길을 걷는 한국 승려들의 정치/사회적 관심과 인식은 밖에서 보는 것보다 훨씬 높고 견실하다. 정치/사회적 문법과 구도자 문법의 고유성에 관한 문제, 상호접속 문제 등에 관한 성찰과 안목은 다차원적으로 켜켜이 쌓여 있다. 한국불교를 강물에 비유하자면, 수면 아래가 생각보다 다층적이고 또 깊다. 모양과 소리를 확인할 수 있는 표층수면이 있는가 하면, 그 아래서 자신을 드러내지 않고 고요히 흐르는 심층수가 있다. 한국불교의 생명력은 사실 그 심층수에서 나온다. 요란한 자기주장적 종교문화의 눈으로는 포착하기 어려운 이 고요하면서도 강력한 심층수가 한국불교의 저력이다. 비록 충분한 정도는 아니지만, 출/재가의 도처에서는 이 고요한 내공이 살아 숨 쉰다. 성철 내지 불교에 대한 정치/사회적 읽기는 이 점을 간과하지 말아야 한다.

　7) 한국의 역사와 현실에서 영남과 호남의 불화 지형은 아닌 게 아니라 전방위적이다. 종교계도 예외라고 하기 어렵다. 필자도 출/재가의 불교인들이 사안에 따라서는 지역논리에 영향을 받는 것을 드물지 않게 목격한다. 아마도 서명원이 들은 성철에 대한 한국 불

교인들의 견해들 가운데도, 지역논리를 반영한 것들이 있었을 것이다. 게다가 돈점논쟁이 전라도의 지눌/송광사와 경상도의 성철/해인사 구도를 반영하고 있는 측면이 분명 있으니, 돈점논쟁과 성철에 대한 지역주의적 관점들이 서명원에게는 인상적이었을 것으로 추정된다. 아마도 서명원의 이 글은 그러한 인터뷰가 결정적 계기로 작용하지 않았나 싶기도 하다.

한국 불교계에도 지역논리가 여러 형태로 영향력을 미치고 있다는 사실을 외면할 수 없지만, 동시에 불교 특유의 근원적 평등성도 그 왕성한 생명력을 잃지 않고 있다는 점을 과소평가하지 말아야 한다. 필자가 보기에, 적어도 지적으로나 정서적으로 '불교적'인 사람들에게는, 지역주의 차별문화보다는 불성(佛性)의 평등문화가 더 중심부를 차지하고 상위에 놓여 있다. 아직 필자는 '전라도 불교인' '경상도 불교인'으로 갈라지는 것을 본 적이 없다. 특히 출가 구도자들에게는, 출가수행의 동기와 의지가 진정한 경우라면, 지역감정이나 논리는 어떤 경우에도 실존의 중심부를 차지하기가 어렵다. 송광사 법정스님과 해인사 성철스님의 관계는 평범한 일반 모델이다. 한국불교에 대한 정치사회적 읽기에 지역주의 담론을 접목할 때는, 자칫 현실과 무관한 관념적 논리로 빠져들지 않는지 세심하고 신중해야 한다.

서명원의 글은 돈점논쟁에 연루된 다채로운 시선들을 유심히 재음미할 수 있는 계기를 제공하기에 유익했다. 성철의 돈점론과 한국불교의 돈점논쟁은 아직 탐구와 이해의 초기단계라는 것도 확인할 수 있었다. 무엇보다 돈점논쟁은, 권력 담론이기는커녕, 강력한 진리 담론이라는 생각을 다질 수 있었다. 그리고 이 진리 담론은 한국불교뿐만 아니라 불교 자체의 미래 전망에도 중차대한 의미를 지닌다. 그 의미를 발굴하여 현실에 재귀시키는 것은 학인들의 몫으로 남는다.

참고 문헌

원전 및 저서

· 길희성, 『지눌의 禪사상』, 소나무, 2011.
· 김치온 역주, 『돈오대승정리결』, 은정불교문화진흥원, 2010.
· 『디가니까야』 「뽓따빠다의 경」, 전재성 역주, 한국빠알리성전협회, 2011.
· 蒙山, 『蒙山和尙法語略錄諺解』六種異本, 아세아문화사, 서울 1980.
· 박태원, 『정념과 화두』, UUP, 2005.
· 『상윳따 니까야』 「무더기 상윳따」 소냐 경(S22:49), 각묵 옮김, 초기불전연구 원, 2009.
· 성철, 『백일법문』, 장경각, 1992.
· ____, 『본지풍광』, 장경각, 1982.
· ____, 『선문정로』, 불광출판사, 1981.
· ____, 『한국불교의 법맥』, 장경각, 1990.
· 王錫 編纂, 『頓悟大乘政(正)理決』, 『大藏經補編』35권, 台北, 1986.
· 중암, 『까말라씰라의 수습차제 연구 -쌈예의 논쟁 연구』, 불교시대사, 2006.
· 지눌, 『華嚴論節要』, 『한국불교전서』 4.
· ____, 『看話決疑論』, 『한국불교전서』 4.
· ____, 『法集別行錄節要並入私記』, 『한국불교전서』 4.
· ____, 『修心訣』, 『한국불교전서』 4.
· ____, 『圓頓成佛論』, 『한국불교전서』 4.
· 湯用彤, 『한위양진남북조불교사(漢魏兩晉南北朝佛教史)』 3, 장순용 역, 학고 방, 2014.

논 문

· 강건기, 「보조사상에 있어서 닦음(修)의 의미」, 『깨달음, 돈오점수인가 돈오돈
  수인가』, 민족사, 1992.
· 강혜원, 「北宗 神秀의 頓漸觀」, 같은 책.
· 김광민, 「돈점논쟁의 재해석」, 『도덕교육연구』 제19권, 한국도덕교육학회,
  2008.
· 김방룡, 「간화선과 화엄, 회통인가 단절인가 －보조 지눌과 퇴옹 성철의 관점
  을 중심으로」, 『불교학연구』 제11호, 2005.
· 김영호, 「中國과 티벳에서의 頓漸諍論과 普照의 頓悟漸修」, 『보조사상』 2집,
  1988.
· 김재범, 「돈점논쟁의 사회학방법론적 함의」, 『백련불교논집』 제8집, 1998.
· 김진무, 「선종에 있어서 돈오의 수용과 그 전개」, 『한국선학』 15호, 한국선학
  회, 2006.
· 김호성, 「돈오점수의 새로운 해석」/「돈오돈수적 점수설의 문제점」, 『깨달음,
  돈오점수인가 돈오돈수인가』, 민족사, 1992.
· 남경희, 「언어의 규정력」, 『철학적 분석』, 한국분석철학회 학회지 창간호,
  2000. 「글, 그림, 그리고 사물」, 이화여대 인문대교수학술제 대회보, 2001.
· 목정배, 「『선문정로』의 근본사상」, 『보조사상』 4집, 1990; 「현대 한국선의 위
  치와 전망」, 위의 책; 「돈오사상의 현대적 의의」, 『백련불교논집』 제3집, 백련
  불교문화재단, 1993.
· 박상수, 「돈오돈수의 기원과 주장자 및 불교역사상의 평가」, 『백련불교논집』
  제4집, 1994.
· 박성배, 「성철스님의 돈오점수설 비판에 대하여」, 『깨달음, 돈오점수인가 돈오
  돈수인가』, 민족사, 1992; 「보조국사는 證悟를 부정했던가?」, 같은 책; 「돈오
  돈수론」, 『백련불교논집』 제3집, 1993.
· 박태원, 「돈점논쟁의 비판적 검토」, 『한국사상사학』 제17집, 한국사상사학회,
  2001; 「정념의 의미에 관한 고찰」, 『철학논총』 제41집 3권, 새한철학회, 2005;
  「돈오의 의미지평 － 돈오의 두 시원을 중심으로」, 『철학논총』 제49집, 새한철

학회, 2007; 「돈오의 대상 小考」, 『철학논총』 제54집 4권, 새한철학회, 2008; 「화두를 참구하면 왜 돈오견성하는가?」, 『철학논총』 제58집 4권, 새한철학회, 2009; 「간화선 화두간병론과 화두 의심의 의미」, 『불교학연구』 제27호, 불교학연구회, 2010; 「언어, 붙들기와 여의기 그리고 굴리기 - 화두 의심과 돈오견성의 상관관계와 관련하여」, 『동아시아불교문화』 제7집, 동시아불교문화학회, 2011; 「돈점논쟁의 독법구성」, 『철학논총』 제69집, 새한철학회, 2012; 「돈오의 두 유형과 반조 그리고 돈점 논쟁」, 『철학연구』 제46집, 고려대철학연구소, 2012; 「돈점 논쟁의 쟁점과 과제 - 해오 문제를 중심으로」, 『불교학연구』 32호, 불교학연구회, 2012; 「깨달음'과 '깨달아 감' 그리고 '깨달아 마침'」, 『깨달음, 궁극인가 과정인가』, 운주사, 2014; 「붓다의 연기법과 불교의 연기설 - 연기해석학들에 대한 의문」, 『철학논총』 제82집, 새한철학회, 2015; 「티베트 돈점논쟁과 선(禪)수행 담론」, 『철학논총』 제84집, 새한철학회, 2016; 「퇴옹 성철의 돈오돈수론과 선수행 담론」, 『철학논총』 제85집, 새한철학회, 2016.

· 서명원, 「비교종교학의 관점에서 본 한국불교의 돈점논쟁 - 돈오돈수 없이는 그리스도교가 무너진다」, 『보조사상』 24집, 2005; 「성철스님 이해를 위한 고찰 - 그분의 면모를 어떻게 서양에 소개할 것인가?」, 『불교학연구』 제17호, 불교학연구회, 2007.

· 석길암, 「지눌의 돈오와 점수에 대한 화엄성기론적 해석」, 『보조사상』 30집, 2008; 「성철 돈오돈수론의 전통 인식: 화엄 및 통불교 담론과 관련하여」, 『백련불교논집』 제15집, 2005.

· 신규탁, 「本地風光와 臨濟禪風」, 『백련불교논집』 제4집, 1994.

· 심재룡, 「돈점론으로 본 보조선의 위치」, 『깨달음, 돈오점수인가 돈오돈수인가』, 민족사, 1992.

· 윤원철, 「선문정로의 수증론」, 『백련불교논집』 제4집, 1994; 「韓國 禪學에 있어서 方法論的 省察의 不在에 대한 斷想 - 頓漸論爭의 몇 가지 片鱗에 대한 回顧를 통하여」, 『종교와 문화』 1호, 서울대학교 종교문제연구소, 1995.

· 이덕진, 「돈점논쟁이 남긴 숙제」, 『보조사상』 20집, 2003.

· 이동준, 「돈오돈수와 돈오점수의 洞時的 고찰」, 『깨달음, 돈오점수인가 돈오돈수인가』, 민족사, 1992.

· 이종익, 「禪修證에 있어서 頓悟漸修의 과제」, 『보조사상』 4집, 보조사상연구

원, 1990.

· 인경, 「간화선과 돈점문제」, 『보조사상』 23집, 2005.

· 임승택, 「돈오점수와 초기불교의 수행」, 『인도철학』 제31집, 인도철학회, 2011.

· 전재성, 「티베트 불교의 돈점논쟁」, 『깨달음, 돈오점수인가 돈오돈수인가』.

· 전혜주, 「澄觀과 宗密의 돈점관 비교」, 같은 책.

· 정경규, 「보조 원돈문의 실체와 성철선사의 원돈 비판」, 『백련불교논집』 제4집, 1994.

· 최봉수, 「원시불교에서의 悟의 구조」, 『깨달음, 돈오점수인가』.

· Urs app, 「A Chinese Concept as a Key to 'Mysticism' in East and West」, 『백련불교논집』 제3집, 1993.

· 石井修道, 「南宗禪の頓悟思想の展開」, 같은 책; 「頓悟頓修說の受用の課題」, 같은 책 12집, 2002.

돈점 진리담론